CD-ROMでスラスラわかる

財務3表一体分析法ソフト『図解の達人』

國貞克則 Kunisada Katsunori

朝日新聞出版

はじめに

　朝日新書から2009年5月に出版された『財務3表一体分析法』は発売から半年足らずで8万部を越えるベストセラーになりました（09年9月現在）。私のもとには、「会計の初心者でも財務諸表から会社の状態がイメージできるようになった」などという読者からの喜びの声がたくさん届いています。

　『財務3表一体分析法』で提唱した財務分析のポイントの一つは、PL（損益計算書）とBS（貸借対照表）の大きさが一目でわかるように、PLとBSを同じ縮尺で図にしたことにありました。本の中では、表計算ソフトのExcelを使って、このPLとBSの図を作る方法を紹介しましたが、自分で作図するとなるとかなり時間がかかってしまいます。このため、「PLとBSの図が簡単に作れるソフトがほしい」との要望も数多く寄せられました。

　まさに、この要望に応えるために開発したのが、皆さんにお買い上げいただいた財務3表一体分析法ソフト『図解の達人』です。『図解の達人』を使えば、財務諸表からわずか15項目ほどの数字を入力するだけで、PLとBSの図が瞬時に表れます。

　『図解の達人』では、『財務3表一体分析法』で紹介したほとんどの分析手法が手軽にできるように作られています。

　「1社1期分」の基本図表はもちろんのこと、その会社の過去と現在を比べる「期間比較」や、同業他社と比較する「他社比較」の図も簡単に作れます。「他社

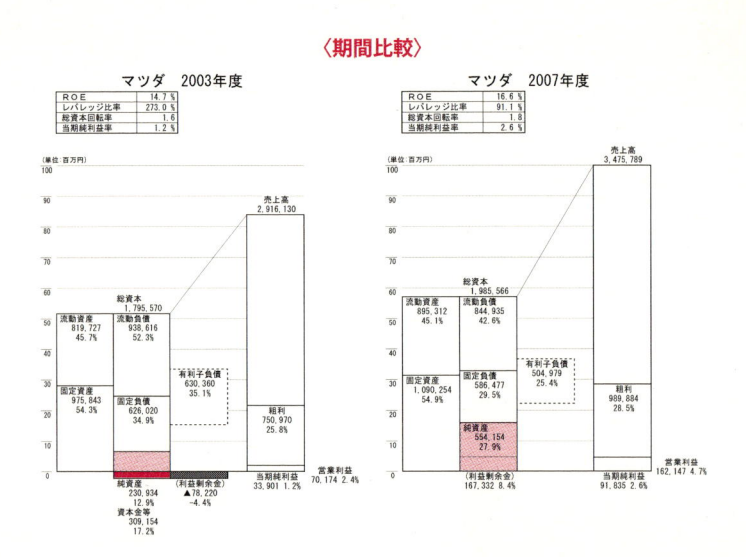

〈期間比較〉

比較」では、2社比較を基本に最大5社を一つの画面上で比べることができます（比較対象データは最大20社から選べます）。

また、『図解の達人』では、個人がプライベートで使うパーソナルユースだけでなく、ビジネスのさまざまな場面でお使いになることを想定して、コピー・出力機能を充実させました。

作成した図表は、Microsoft社のWordやExcelなど他の文書に直接貼り付けることができます。サイズは5％単位で自由に指定できます。

プリンタで印刷するのはもちろん、PDFファイルとして出力することも可能です。

さらに作成した図表は、BMP形式やJPEG形式で画像ファイル化して出力することもできます。これらエクスポート（出力）処理では、対象範囲を指定してグラフ部分だけを出力することができます。また、解像度を3段階で調整することもできますから、プレゼンテーションの資料として使う場合やインターネットのホームページに貼り付ける場合など、使用目的にあわせて最適な解像度でデータの出力をすることができます。

『図解の達人』で行う財務分析は、いままでにない画期的な分析方法で、他のどのような会計ソフトを使っても、このような分析はできないと自負しています。『図解の達人』が皆さんのビジネスの発展のお役に立てれば、筆者としては望外の幸せです。

2009年9月　國貞克則

ご利用にあたって

● 巻末62ページの「ソフトウェア利用許諾契約」を必ずお読みください。
● 本ソフトの利用に必要なハードウェアとソフトウェアは次の通りです。

　【ハードウェア】
　Windows 2000（SP2）以上搭載のコンピュータ、CDドライブ、5MBまたは.NET Frameworkがインストールされていない場合は200MB以上の空き領域を持つハードディスクドライブ、ディスプレイ解像度1024×768以上を推奨

　【ソフトウェア】
　OS　Windows 2000（SP2以上）日本語版、Windows XP日本語版、
　　　Windows Server 2003日本語版、Windows Vista日本語版、
　　　Windows 7 日本語版の各x86
　　　＊64bit版OSには対応しておりません。

財務3表一体分析法ソフト『図解の達人』の特徴

容易な操作性

　会社のBS（貸借対照表）・PL（損益計算書）の数字を入力するだけで、『財務3表一体分析法』で紹介したグラフが作成できます。また2社比較・5社比較など比較図表の作成では、選択した画面からデータの配置を行うことができます。

豊富な図表作成機能

　1社単独の基本図表を作成できるだけでなく、1つの画面に2社比較および5社比較図表が作成できます。

多面的なデータ比較機能

　比較図表作成処理ではグラフの大きさ、形状により、会社間の比較はもとより、年度別の比較ができます。同時に、最大20のデータ比較ができ、目的に合わせデータを配置することもできます。

PDFファイル出力機能

　作成したグラフは、プリンタで印刷することはもちろん、Adobe PDF形式でファイルに出力することもできます。

コピー機能

　作成した図表は、Microsoft社のWordやExcelなど他の文書に直接貼り付けることができます。

強力なエクスポート機能

　作成した図表は、BMP形式およびJPEG形式で画像ファイル化して出力することも可能です。エクスポート処理では、出力対象範囲指定および印刷帳票・Webなど使用目的に合わせて、最適な解像度でデータの出力ができます。

＊本書で使われる Word、Excel は Microsoft社の製品です。Microsoft、WindowsはMicrosoft社の米国およびその他の国における登録商標です。

目次

第1章 財務分析は誰でもできる

会計の初心者のための財務分析のポイント……8
全ての企業に共通する3つの活動……8
会社にとって大切な4つの数字……10
財務諸表を読み解く簡単な視点……12

「図解分析」の代表的な分析パターン……13
1社1期分の図解分析……13
過去の状態や同業の他社と比較する……16
期間比較の図解分析……17
他社比較の図解分析……18
5社比較の図解分析……19

第2章 財務3表一体分析法ソフト『図解の達人』のインストール

インストールの方法……22
必要なハードウェアとソフトウェア……22
インストール開始方法……23
システム認証処理……23

システム認証の手続き……24
システム認証の方法……25

財務3表一体分析法ソフト『図解の達人』ご利用までの手順
お問い合わせ・サポートについて……28

第3章 財務3表一体分析法ソフト『図解の達人』の操作方法

操作方法をマスターしよう……30

全ての処理はメインメニューから……30
データの入力・削除について……32
- 入力・削除の方法……32
- 基本データを入力する……32
- より正確な分析指標計算項目を入力する……33
- 有利子負債を入力する……33
- 〈コラム〉「より正確なレバレッジ比率」とは……35

基本図表について……36
- 作成の方法……36
- 基本図表をコピーする……38
- 基本図表を画像ファイル化して出力保存する……39

2社比較図表について……40
- 作成の方法……40
- 2社比較図表をコピーする……43
- 2社比較図表を画像ファイル化して出力保存する……44

5社比較図表について……45
- 作成の方法……45
- 5社比較図表をコピーする……47
- 5社比較図表を画像ファイル化して出力保存する……48

付録
1. 基本図表グラフ作図方法……50
2. アンインストール……54
3. インターネットに接続していない場合の認証・認証解除……55
4. お問い合わせ・サポートについて……60

第1章
財務分析は誰でもできる

会計の初心者のための
財務分析のポイント

　財務3表一体分析法ソフト『図解の達人』のインストール方法や具体的な操作方法を説明する前に、財務分析をするうえでの基本的なポイントや「図解分析」の代表的な方法を簡単に説明しておきましょう。『財務3表一体分析法』の第1章と第2章の内容と重なりますので、すでに『財務3表一体分析法』をお読みの方は、この章はとばしてインストールから始めていただいてもかまいません。

全ての企業に共通する3つの活動

　私は、財務分析は基本的には誰でも、つまり「会計の初心者」でもできると思っています。ただし、私たち会計の初心者は財務分析をする前に、そもそも「PL（損益計算書）とBS（貸借対照表）には何が書かれているのか」ということをはっきりと理解しておく必要があります。
　財務諸表を作る一番の目的は、会社の状態を会社の外の関係者（資本家や債権者など）に正しく伝えることにあります。ですから、財務諸表には当然会社の状態が書かれています。では、その会社の状態はどのように書かれているのでしょうか。
　実は、会社が行っている基本的な活動はどんな事業であれ全て同じです。全ての会社に共通する活動は、**お金を集める→何かに投資する→利益をあげる**この3つです（図表❶-①参照）。
　会社を設立したことがある人ならわかると思いますが、事業を興そうとすれば必ずお金が必要になります。資本金か借入金という形でお金を集めてきて、製造業ならそのお金を工場に投資し、その工場で生産した製品を販売して利益をあげます。私のようなサービス業は初期の資金はあまり必要ありませんが、それでも事務所にはコンピュータなどの事務機器があります。わずかばかりのものですが、それら投資した設備を使って利益をあげています。

図表❶-①　全ての企業に共通する3つの活動

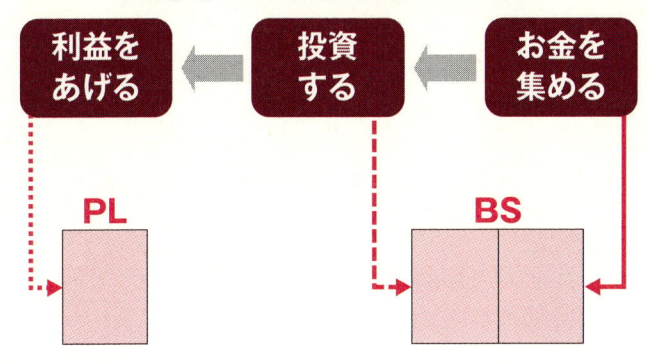

利益をあげる ← 投資する ← お金を集める

PL　　　　　BS

　この全ての企業に共通する3つの基本活動がPLとBSには表されています。「どうやってお金を集めてきたか」ということはBSの右側に表されていますし、「その集めてきたお金が何に投資されているのか」ということはBSの左側に表されています。そして、「どのように利益をあげているか」ということはPLに表されています。

　ですから、PLとBSから会社の状態を分析しようと思えば、会社の基本活動である「お金を集める→何かに投資する→利益をあげる」という3つの活動がどのように行われているかを見ればよいのです。なぜならPLとBSに書かれているのは、この3つのことだけなのですから。

会社にとって大切な4つの数字

　それでは、この「お金を集める→何かに投資する→利益をあげる」という3つの活動をどのような視点で分析していけばよいのでしょうか。

　最近では日本でも「会社は株主のもの」という考え方が一般的になってきました。私自身は「会社は株主のもの」などとは思っていませんが、資本主義の論理からいえば会社は株主のものです。

　「会社は株主のもの」という視点に立って事業経営の効率性を考えれば、**一番大切な財務分析指標は「ROE」です**。ROEとはReturn on Equityの略で、日本では「自己資本利益率」とよばれています。計算式は、「当期純利益÷自己資本」です。株主にとっては、ROEを見れば自分が投資した資金がどれだけ利益に変わっているかがわかります。

　では、次にこのROEを事業全体のプロセスに分解して説明していきましょう。事業全体は「お金を集める→何かに投資する→利益をあげる」という3つのプロセスからなっていると説明しました。経営者の仕事はこの3つのプロセスを効率よく運営することです。

　この3つのプロセスをさらに分解すれば次の図表❶-②のようになります。つまり、会社は自己資本（資本金など）か他人資本（借入金など）でお金を集めてきて、そのお金で資産を調達します。そして、その資産を効率よく運営して売上高を作り、その売上高を効率よく利益に変えているわけです。

　先ほど述べたように、ROEは当期純利益を自己資本で割ったものでした。このROEを事業全体のプロセスに分解して評価していきましょう。

　第1段階の「資産を取得するための資金を調達する」フェーズでは「レバレッジ比率」という分析指標があります。これは他人資本（負債）と自己資本の比率です。

　第2段階の「資産を売上に変える」フェーズでの分析指標は、「総資本回転率」（＝売上高÷総資本）です。BSの右側の合計額を総資本といい、左側の合計額を総資産といいます（総資本と総資産の額は同じです）。総資本回転率は、投下した総資本、言葉を替えれば総資産をどれだけ効率よく売上高に変えているかがわかる指標です。

　第3段階の「売上を利益に変える」フェーズの分析指標は当期純利益を売上高で割った「当期純利益率」ですね。売上をいかに効率よく利益に変えているかがわかる指標です。

事業経営全体の効率性を理解するうえで最も重要なのがROEであり、ROEは事業全体のプロセスにしたがえば、レバレッジ比率、総資本回転率、当期純利益率の3つに分解されます。つまり、**決算書を分析する上で極めて大切な指標が、ROE、レバレッジ比率、総資本回転率、当期純利益率の4つ**なのです。

図表❶-②　会社にとって大切な4つの数字

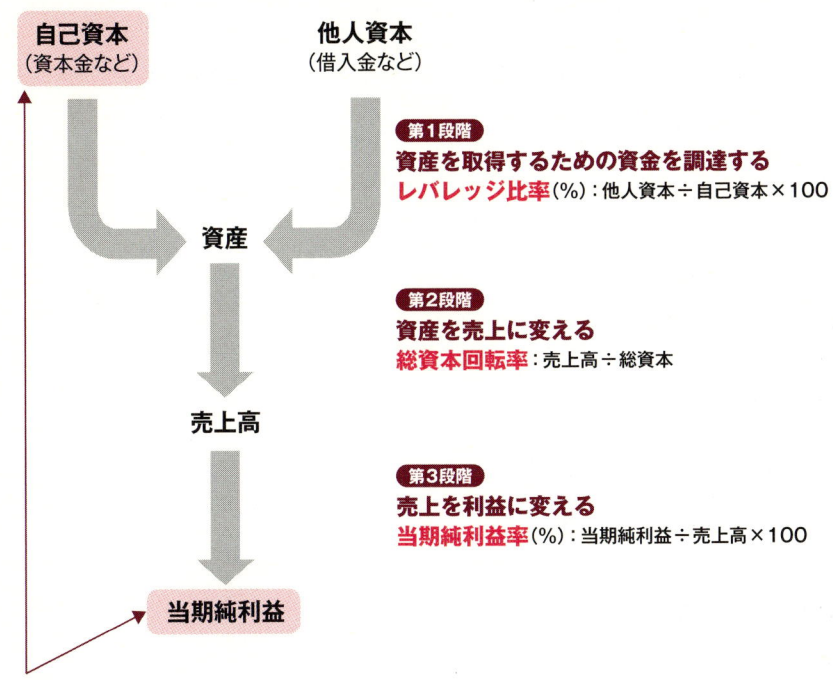

自己資本（資本金など）　　他人資本（借入金など）

↓↓
資産

第1段階
資産を取得するための資金を調達する
レバレッジ比率(%)：他人資本÷自己資本×100

↓
売上高

第2段階
資産を売上に変える
総資本回転率：売上高÷総資本

↓
当期純利益

第3段階
売上を利益に変える
当期純利益率(%)：当期純利益÷売上高×100

ROE(%)：当期純利益÷自己資本×100

※デイビッド・メッキン著『財務マネジメントの基本と原則』（東洋経済新報社）から一部修正して転載

財務諸表を読み解く簡単な視点

　会計の初心者が財務分析をする際に大切にすべきことは、財務諸表からザックリと会社の全体像を理解することです。「自己資本比率」や「流動比率」など財務分析指標の数字を計算すれば、何か財務分析をしたような気分になるかもしれませんが、いくら財務分析指標を計算しても会社の全体像は見えてこないでしょう。

　会計の初心者にとっての財務分析のポイントは、先ほど述べたように、「PLとBSを事業全体のプロセスにしたがって分析する」ということです。もっと具体的にいえば、財務分析とは財務諸表から次の4つのことを読み取ることにほかなりません。

❶どのようにお金を集めてきているか
❷それを何に投資しているか
❸その投資した資産をいかに効率よく活用し売上高を作っているか
❹その売上高をどのように利益に変えているか

　そして、これら事業全体のプロセスを分析するために活用する主要な分析指標が次の4つです。

❶ROE
❷レバレッジ比率
❸総資本回転率
❹当期純利益率

　「財務分析をする」と聞けば何かとても難しいことをするような印象を受けます。しかし、繰り返しますが、財務諸表には、会社がどのようにお金を集めてきて、それを何に投資していて、それら投資したものをいかに活用して売上をあげ、その売上をいかに効率よく利益に変えているか、ということしか書かれてないわけですから、私たちもそういう視点で財務諸表を読み解いていけばよいわけです。

「図解分析」の
代表的な分析パターン

　会計の初心者のための財務分析の基本ポイントはおわかりいただけたと思います。ただし、私たち会計の初心者が財務諸表を分析する場合、財務諸表の数字を直接読み解くのではなく、数字に少し手を加えて図を作ると、多くの情報が瞬時に直感的に把握できるようになります。

　『財務３表一体分析法』で提案した「図解分析」は、膨大な数字が羅列されている財務諸表から必要かつ最低限の情報を抜き出し、イメージで会社の状態を直感的に把握できるように工夫して作成したものです。

　ここでは、『財務３表一体分析法』で提案した「図解分析」の代表的な分析パターンを紹介しておきましょう。皆さんが、このソフトを実際に使って財務分析を行う場合に必ず役立つはずです。

１社１期分の図解分析

　14ページの図表❶-③は、自動車会社のマツダ株式会社の2007年度（2008年３月期決算）のPLとBSから必要最低限の数字を取り出して図表にしたものです。図はそれぞれの金額の多寡が直感的に把握できるように縮尺を同じにして作図しています。

　この「縮尺が同じ」という点が、私が提案する「図解分析」のとても大切なポイントです。**BSやPLの高さを見れば、それぞれの項目の額の大きさが直感的に把握できる**からです。

　BSでは「流動資産」「固定資産」「流動負債」「固定負債」「純資産」「利益剰余金」など主要な項目だけを表示しています（「繰延資産」は固定資産に含めて表記しています）。

　BSで注意していただきたいのは「純資産の部」です。「純資産の部」には「資本金」「資本剰余金」「利益剰余金」「評価・換算差額等」などのいろいろな項目がありますが、その会社の過去の経営を理解するうえで特に大切なのが「利益剰

図表❶-③　マツダの主要財務データ（2007年度）

マツダ　2007年度

ROE	16.6 %
レバレッジ比率	91.1 %
総資本回転率	1.8
当期純利益率	2.6 %

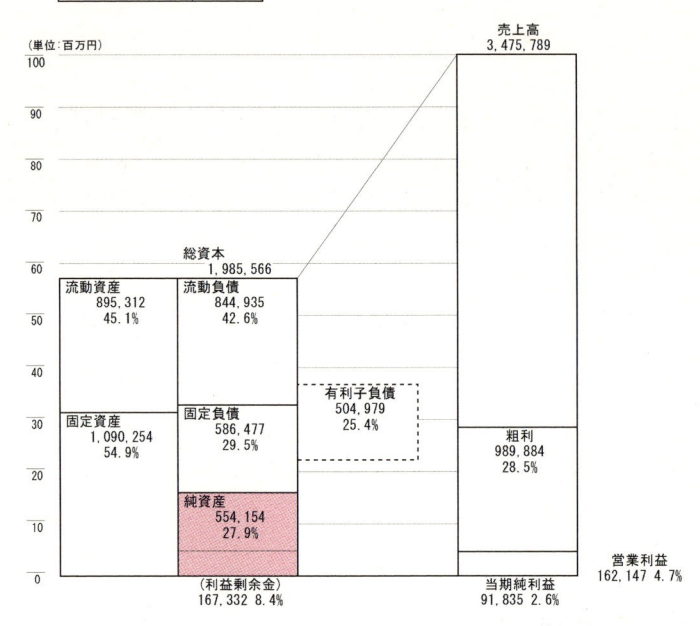

（単位：百万円）

売上高　3,475,789

総資本　1,985,566

流動資産　895,312　45.1％
流動負債　844,935　42.6％

固定資産　1,090,254　54.9％
固定負債　586,477　29.5％

有利子負債　504,979　25.4％

純資産　554,154　27.9％

（利益剰余金）167,332　8.4％

粗利　989,884　28.5％

当期純利益　91,835　2.6％

営業利益　162,147　4.7％

余金」です。利益剰余金の額を見ればその会社が過去に利益を積み上げてきたかどうかが一目でわかるからです。したがって、「純資産の部」の中では利益剰余金だけを取り出して、「純資産の部」の内数としてその額を表記しています。

　また、有利子負債をBSの右側に取り出して点線の枠囲いで表記したことも私の「図解分析」の特徴の一つです。有利子負債とは利子を支払わなければならない負債、つまり「短期借入金」「社債」「長期借入金」などです。この有利子負債が、流動負債に入る有利子負債なのか、固定負債に入る有利子負債なのかの比率がわかるように配置しました。

　PLからは「売上高」と「粗利」「営業利益」「当期純利益」の４項目だけを表記しています。

　ただし、BSの中の％表示とPLの中の％表示には違いがあります。BSの％表示が総資本の額を100％とした時の％比率であるのに対して、PLの％表示は売上高を100％とした時の％比率です。BSとPLの％は分母が違うわけです。

　『図解の達人』は、以上の作図が瞬時にできるようにしたものです。

ここまで特徴として取り上げたことを踏まえると、マツダの2007年度の図からは何が読み取れるでしょうか。
　やはり「縮尺が同じ」という点が、大きな効果を生んでいます。例えば、「有利子負債」と「純資産合計」が同じぐらいの大きさになっていることに気づきます。レバレッジ比率はこの2つの比ですが、その数字を見ると「91.1％」。図解することで、数字の持つ意味を直感的に把握できるわけです。同じことは流動比率や固定長期適合率、固定比率、自己資本比率などについてもいえます（計算式は53ページ）。これらは会社の安定性や安全性を示す指標ですが、BSを図にすることで会社のそれがひと目見ただけでイメージできるようになるのです。
　PLも同じ効果があります。マツダの総資本回転率は「1.8」ですが、BSとPLの高さを見れば、PLがBSのだいたい2倍弱になっていることがすぐイメージできます。
　ほんの一例を挙げましたが、図解分析法では、次のステップにしたがって会社を分析することをお薦めしています。この手順にしたがって見ていくと、『図解の達人』の図から会社の状態が読み解けるようになります。

❶BSの右側を見て、どのようにお金を集めてきているかをチェックする。特に有利子負債の額がどの程度あるかを見ておく。
❷利益剰余金の額を見て、その会社が過去に利益をあげていたか赤字を出していたかをチェックする。
❸BSの左側を見て、集めてきたお金が何に投資されているかをチェックする。
❹その際に、「流動比率」「固定比率」「固定長期適合率」「自己資本比率」などの指標を感覚的にイメージでつかむ（『図解の達人』の基本図表では、これらの4つの財務指標の値が自動的に計算されて表示されます）。
❺BSとPLの高さを比べて、投下した資産をいかに効率よく使って売上高に変えているか、つまり総資本回転率をチェックする。
❻売上高からいかに効率よく利益を出しているかをチェックする。
❼主要な財務分析指標「ROE」「レバレッジ比率」「総資本回転率」「当期純利益率」の数字をチェックする（『図解の達人』では、これらの4つの財務分析指標の値も自動的に計算されて表示されます）。
❽こうやって全体像をチェックしたうえで、気になる所があれば実際の財務諸表に戻って細かい数字を確認する。

過去の状態や同業の他社と比較する

　以上説明してきたように、会計の初心者が財務分析をする場合には見るべきポイントがあります。財務諸表にはたくさんの数字が書き込まれていますが、最初からそれら全てをチェックしていく必要はありません。まずは財務諸表を俯瞰してポイントとなる数字にだけ注目するのです。そうすればザックリと会社の状態が見えてきます。こうして全体像を把握したうえで、必要であれば細かい数字をチェックしていけばいいのです。

　私も昔そうでしたが、ジャングルのような数字の森（財務諸表）に直接入っていくと何も見えなくなってしまいます。まずは空の上から鳥の目で森を見渡し、森の全体像をザックリ把握してください。財務諸表の細かい数字を一つひとつ追っていくのではなく、これまでに説明してきたポイントにしたがって、財務諸表の全体像をつかむことが大切なのです。

　ただし、一つの森を見ただけでは、その森がどんな森なのかはわかりません。その森は他の森と比べてどういう特徴があるのかとか、その森が過去から現在までどう変わってきたかなどがわからなければ、その森の本質は見えてきません。

　財務分析も全く同じです。1社の1期分の財務諸表を見ただけで全てがわかるわけではありません。財務諸表からその会社の状況を正しく知ろうと思えば、同じ業界の他社と比較（「他社比較」とします）したり、その会社の過去の状態と比較（「期間比較」と言いましょう）したりする必要があります。

　会計の専門家が1社の1期分の財務諸表を見ただけで会社の状況が瞬時にわかるのは、それまでに膨大なデータが頭の中に蓄積されているからです。つまり会計の専門家は、過去にたくさんの財務諸表を見てきた経験があるため、1社の1期分の財務諸表を見ただけで会社の状況がわかるのです。

　しかし残念ながら、私たち会計の初心者は1社の1期分の財務諸表を見ただけでは、それらの数字が良いのか悪いのか、どこに問題があるのかはよくわかりません。例えば、先ほどの図表❶-③を見ると、2007年度のマツダの粗利率は「28.5％」ということはわかりますが、この数字が良いのか悪いのかは他の会社の数字と比較してみないとわかりません。

　このように、**財務諸表を見て会社の状況を理解するためには、期間比較や他社比較をする必要があります**。逆にいえば、期間比較や他社比較をすれば、私たち会計の初心者であっても財務分析が可能になるのです。

期間比較の図解分析

図表❶-④は、マツダの5年前（2003年度）のPLとBSを07年度のものと比較したものです。もちろん、この2つの図も同じ縮尺で作っています。この「同じ縮尺」というのがポイントです。

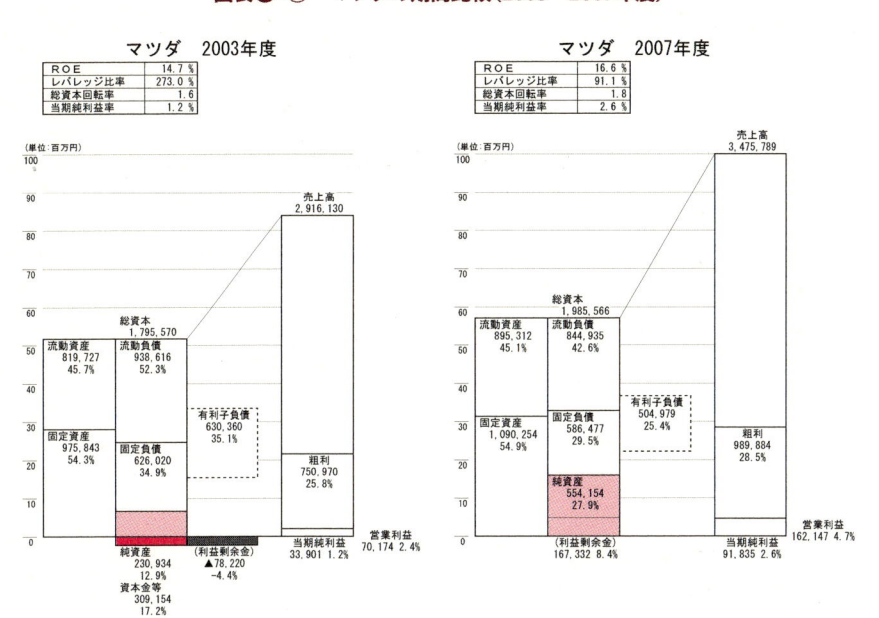

図表❶-④　マツダの期間比較（2003〜2007年度）

マツダ　2003年度	
ROE	14.7 %
レバレッジ比率	273.0 %
総資本回転率	1.6
当期純利益率	1.2 %

（単位：百万円）

- 流動資産　819,727　45.7%
- 固定資産　975,843　54.3%
- 総資本　1,795,570
- 流動負債　938,616　52.3%
- 固定負債　626,020　34.9%
- 有利子負債　630,360　35.1%
- 純資産　230,934　12.9%
- 資本金等　309,154　17.2%
- （利益剰余金）▲78,220　-4.3%
- 売上高　2,916,130
- 粗利　750,970　25.8%
- 当期純利益　33,901　1.2%
- 営業利益　70,174　2.4%

マツダ　2007年度	
ROE	16.6 %
レバレッジ比率	91.1 %
総資本回転率	1.8
当期純利益率	2.6 %

（単位：百万円）

- 流動資産　895,312　45.1%
- 固定資産　1,090,254　54.9%
- 総資本　1,985,566
- 流動負債　844,935　42.6%
- 固定負債　586,477　29.5%
- 有利子負債　504,979　25.4%
- 純資産　554,154　27.9%
- （利益剰余金）167,332　8.4%
- 売上高　3,475,789
- 粗利　989,884　28.5%
- 当期純利益　91,835　2.6%
- 営業利益　162,147　4.7%

　マツダのPLとBSを5年前のものと比較すると、経営状態が大幅に改善されていることがわかります。総資本は1,795,570百万円から1,985,566百万円に10％程度増えているだけですが、中身を見ると質が段違いに向上しています。例えば、5年前は流動比率が100％未満で、自己資本比率は12.9％で、利益剰余金はマイナスの78,220百万円でした。それが07年度には自己資本比率が27.9％に上昇し、利益剰余金はプラスの167,332百万円まで積み上がっています。売上高は2,916,130百万円から3,475,789百万円へと約20％アップし、粗利率は25.8％が28.5％と約3ポイント上昇、営業利益率は2.4％から4.7％と一気に約2倍に跳ね上がっています。
　この他、ROEや総資本回転率などの財務分析指標も軒並み改善されています。事業全体のプロセスとして投下資本を効率よく売上高に変え、その売上高を効

率よく利益に変えているといえます。株主の評価も高まっているでしょう。

このように**PLとBSを図にして過去と現在を比べれば、その会社がその間にどのように変わったかが一目瞭然にわかります。**

他社比較の図解分析

次は同業他社と比較してみましょう。マツダとスズキを比べます。

図表❶-⑤の両社のPLを見ると、スズキの売上高はマツダとほぼ同じ。粗利はスズキの方が若干少ないですが、営業利益や当期純利益もほとんど同じです。

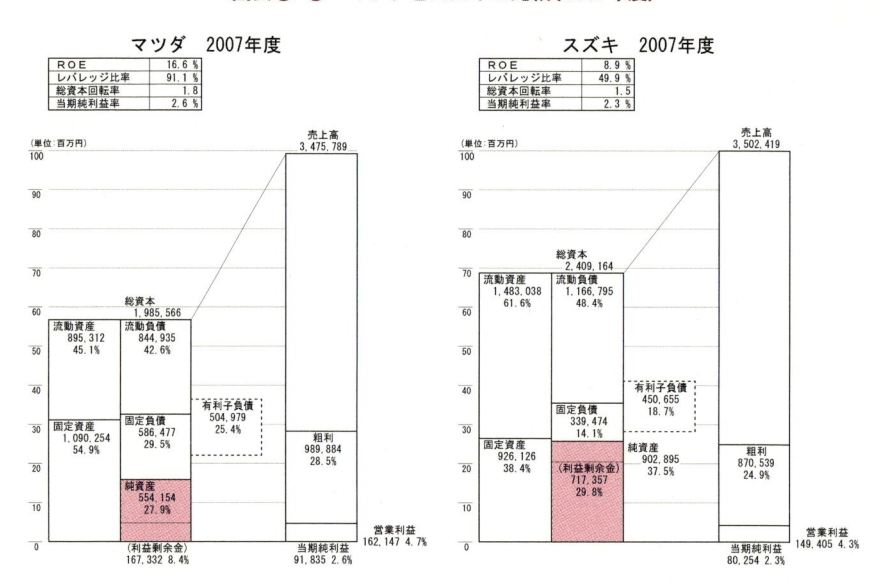

図表❶-⑤　マツダとスズキの比較(2007年度)

マツダ 2007年度	スズキ 2007年度
ROE 16.6 %	ROE 8.9 %
レバレッジ比率 91.1 %	レバレッジ比率 49.9 %
総資本回転率 1.8	総資本回転率 1.5
当期純利益率 2.6 %	当期純利益率 2.3 %

マツダ (単位:百万円)
- 売上高 3,475,789
- 総資本 1,985,566
- 流動資産 895,312 / 45.1%
- 固定資産 1,090,254 / 54.9%
- 流動負債 844,935 / 42.6%
- 固定負債 586,477 / 29.5%
- 有利子負債 504,979 / 25.4%
- 純資産 554,154 / 27.9%
- (利益剰余金) 167,332 / 8.4%
- 粗利 989,884 / 28.5%
- 営業利益 162,147 / 4.7%
- 当期純利益 91,835 / 2.6%

スズキ (単位:百万円)
- 売上高 3,502,419
- 総資本 2,409,164
- 流動資産 1,483,038 / 61.6%
- 固定資産 926,126 / 38.4%
- 流動負債 1,166,795 / 48.4%
- 固定負債 339,474 / 14.1%
- 有利子負債 450,655 / 18.7%
- 純資産 902,895 / 37.5%
- (利益剰余金) 717,357 / 29.8%
- 粗利 870,539 / 24.9%
- 営業利益 149,405 / 4.3%
- 当期純利益 80,254 / 2.3%

違いがあるのはBSです。総資本回転率はスズキが1.5にとどまっているのに対してマツダは1.8ですから、資産を効率よく売上高に変えている点ではマツダに軍配が上がります。しかし、BS自体はスズキのほうがいい形をしています。スズキの流動比率は130%近くあり、このことは同時に安定性を示す固定長期適合率もスズキのほうが良いことを意味します。しかし、なんといってもスズキで強調しておきたいのは利益剰余金の多さです。自己資本比率は37.5%で、その自己資本のうちの大半を利益剰余金が占めています。この潤沢な利益剰余金を見ただけで、過去、堅実に利益をあげてきたことがはっきりわかります。

5社比較の図解分析

今度は5社を一度に比較してみましょう。スバル(富士重工業)・マツダ・スズキ・日産・トヨタのPL・BSの規模の比較です。

図表❶-⑥ スバル・マツダ・スズキ・日産・トヨタの比較(2007年度)

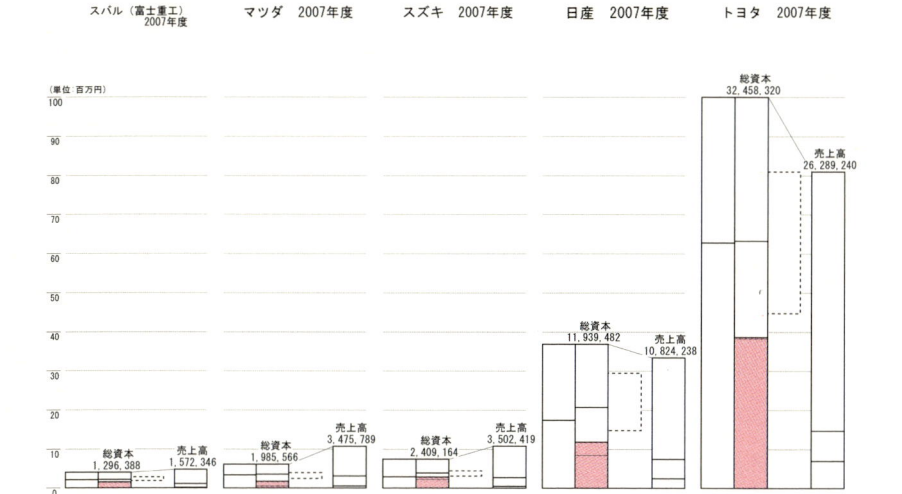

スバル(富士重工) 2007年度	マツダ 2007年度	スズキ 2007年度	日産 2007年度	トヨタ 2007年度

(単位:百万円)

- スバル: 総資本 1,296,388 / 売上高 1,572,346
- マツダ: 総資本 1,985,566 / 売上高 3,475,789
- スズキ: 総資本 2,409,164 / 売上高 3,502,419
- 日産: 総資本 11,939,482 / 売上高 10,824,238
- トヨタ: 総資本 32,458,320 / 売上高 26,289,240

トヨタのPL・BSの高さは群を抜いていますね。いずれにせよ、業界の中のたくさんの会社と比較すると、業界の中での位置づけがイメージとしてよく理解できます。期間比較や他社比較をすれば、私たち会計の初心者であってもPLとBSから会社の状態を客観的に把握できるようになることが実感できませんか。

最後に一つ、お断りです。本書では、『財務3表一体分析法』の中で行ったCS(キャッシュフロー計算書)の説明を割愛してあります。

CSの表は特殊なソフトを使わなくてもExcelなどの表計算ソフトで簡単に作れます。『図解の達人』はPLとBSの同一縮尺での作図機能に特化して開発しており、CSを含めた財務分析書類などに『図解の達人』で作成した図表を挿入することを想定して、コピー出力機能を充実させています。

なお、CSを含めた財務3表一体分析法に興味がある方は拙著『財務3表一体分析法』(朝日新書)をお読みください。

第2章
財務3表一体分析法ソフト『図解の達人』のインストール

インストールの方法

ではここから『図解の達人』のシステム要件およびインストールの方法について説明しましょう。『図解の達人』をインストールする際は、管理者（Administrator）権限でインストールを行ってください。制限ユーザーの場合は、正常にインストールが行われない場合があります。ご不明な方は、システム管理者にご確認のうえ、インストール作業を行ってください。また、インストールの前後にWindows Updateを行い、システムを最新の状態に保たれることをお勧めします。

必要なハードウェアとソフトウェア

【ハードウェア】

  Windows 2000 (SP2)以上搭載のコンピュータ
  CDドライブ
  5MBまたは.NET Frameworkがインストールされていない場合は200MB以上の空き領域を持つハードディスクドライブ
  ディスプレイ解像度1024×768 以上を推奨

【ソフトウェア】

  OS Windows 2000（SP2以上）日本語版
    Windows XP日本語版
    Windows Server 2003日本語版
    Windows Vista日本語版
    Windows 7 日本語版の各 x 86
    ＊64bit版OSには対応しておりません。

  .NET Framework 2.0
    Windows Vista以降は標準でインストールされています。
    Windows 2000・XP・Windows Server 2003をお使いで未インストールの場合は、本インストールを行うことにより自動的に、.NET Framework 2.0のインストールも行います。
    この場合、ハードディスクドライブに約200MB程度の空き領域が必要になります。

インストール開始方法

　コンピュータに配布CDをセットすると自動的に、『図解の達人』のインストールが始まります。

　お客様のコンピュータの環境により、自動的に始まらない場合は、配布CDに含まれるSetup.exe をダブルクリックして実行してください。

システム認証処理

　インストールと同時に、システムの認証が可能です。システムの認証を受けることで正規のユーザーとして登録され、本ソフトウェアの利用が可能となります。ただし、インストール時にシステム認証処理を行わない場合でも、試用版として起動し、プログラム実行時にシステム認証を受けることも可能です。

＜ご注意＞
必ず管理者（Administrator）権限のあるユーザーで実行してください。

【Windows Vista の場合】
インストールの途中で「認識できないプログラムがこのコンピュータへのアクセスを要求しています」とのメッセージを表示し、確認応答を要求する場合があります。アクセスを許可してください。

【Windows 7の場合】
インストールの途中で「次の不明な発行元からのプログラムにこのコンピューターへの変更を許可しますか」とのメッセージを表示し、確認応答を要求する場合があります。変更を許可してください（Windows 7での動作確認は2009年9月時点の評価版で行っています。詳細情報はサポートサイト http://bonavita.dazoo.ne.jp/support/ をご覧ください）。

システム認証の手続き

　『図解の達人』は、正規のライセンスに応じてインストールされていることを確認するため、ソフトウェアのシステム認証手続きを採用しています。システム認証を受けることにより、正規のユーザーとして登録され、本ソフトウェアの利用が可能となります。
　ユーザーがインターネットに接続されているコンピュータからシステム認証を行った場合は、確認手続きが自動的に行われます。
　システム認証手続きでは、入力されたユーザー登録番号とプログラムの起動日時などから生成される固有の番号を認証サイトへ送信します。これ以外の情報（例えば、氏名、住所、メールアドレスなど）が認証サイトへ送信されることは一切ありません。

　この画面が表示されましたら「システム認証」のボタンをクリックし、システム認証処理を行ってください。「ユーザー登録番号」の入力を促す画面が現れます。

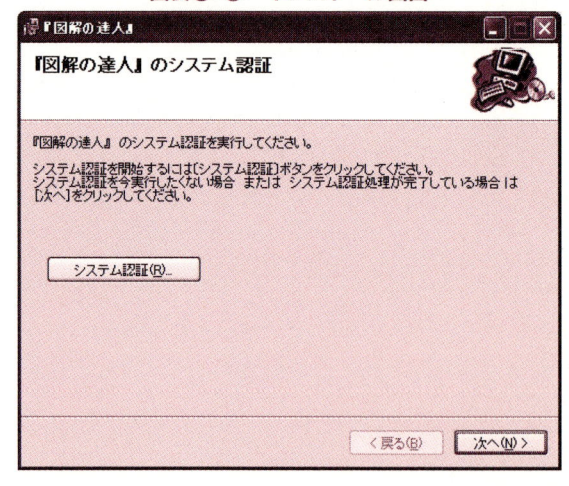

図表❷-①　インストール画面

　ユーザー登録番号は、巻末のCDケースの中に封入されているシールに印字されています。システム認証に使用した後も、サポートサービスを受ける際にユーザー登録番号が必要になりますから、シールからはがして本書の見やすいページに貼り付けるなどして、大切に保存してください。

システム認証の方法

認証手続きの手順を示すと次のようになります。

図表❷-②　ユーザー登録番号入力

```
認証処理-ユーザー登録番号入力
　ユーザー登録番号入力
　ユーザー登録番号（14桁）を入力して
　OKをクリックしてください。
　[    ]-[    ]-[    ]　　　❶入力します
　キャンセルボタンをクリックすると認証処理を中断します。
　　　　　　　　　　[OK]  [キャンセル]　❷OKボタンを
　　　　　　　　　　　　　　　　　　　　　クリック
```

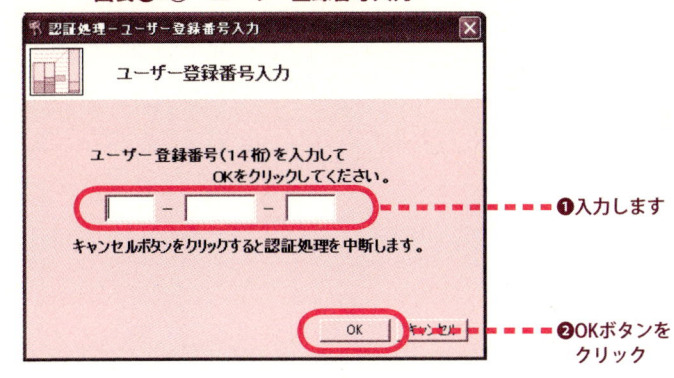

「ユーザー登録番号」を入力して「OK」ボタンをクリックしてください。インターネット環境を確認します。

お手持ちのコンピュータにより、セキュリティソフトがインターネットの接続確認をする場合がありますので、その際は接続を許可してください。

また、インターネットに接続できなかった際に、次の画面が表示される場合があります。セキュリティソフトの接続を許可またはインターネット回線を確認のうえ、「再接続」ボタンをクリックしてください。

図表❷-③　インターネット環境確認

```
認証解除処理
　インターネット環境確認
　　インターネットに接続できません。
　セキュリティソフトがインターネット接続を禁止している場合は
　接続を許可し、再接続ボタンをクリックしてください。
　自動認証解除を中止する場合はキャンセルをクリックしてください
　　　　　　　　　　　　　　　[再接続] [キャンセル]
```

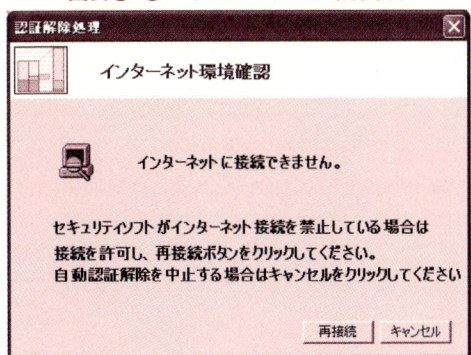

インターネット未接続の場合は「キャンセル」ボタンをクリックし、55ページを参照して手動による認証処理を行ってください。

図表❷-④　認証処理完了

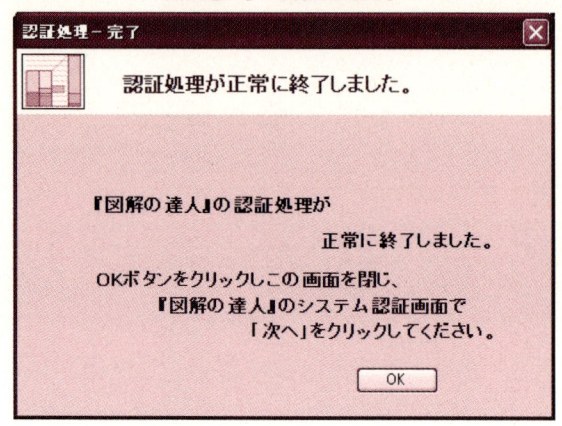

この画面が表示されれば認証処理は正常に完了しています。
「OK」ボタンをクリックし、図表❷-①の画面が表示されましたら「次へ」ボタンをクリックします。これでインストールは完了です。

デスクトップの『図解の達人』のアイコン、または、スタート⇒すべてのプログラム⇒『図解の達人』をクリックし、本ソフトウェアを立ち上げてください。次の画面が表示されましたらインストールおよび認証処理が正常に行われました。

図表❷-⑤

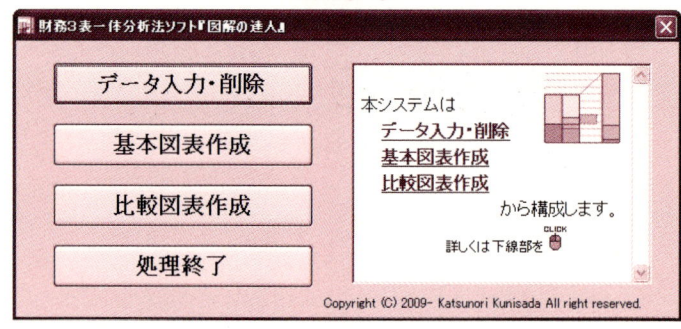

システム認証処理の途中で処理を中止したり、システム認証が完了していない場合、次の画面が表示されます。「OK」ボタンをクリックし、システム認証処理を行ってください。

図表❷-⑥　認証処理のご案内

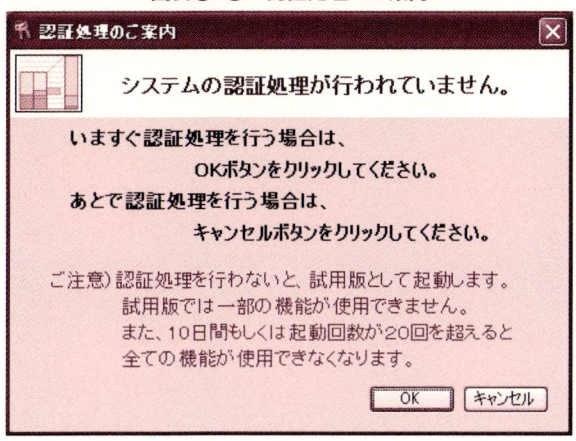

> 認証処理のご案内
>
> システムの認証処理が行われていません。
>
> いますぐ認証処理を行う場合は、
> 　　OKボタンをクリックしてください。
> あとで認証処理を行う場合は、
> 　　キャンセルボタンをクリックしてください。
>
> ご注意）認証処理を行わないと、試用版として起動します。
> 試用版では一部の機能が使用できません。
> また、10日間もしくは起動回数が20回を超えると
> 全ての機能が使用できなくなります。
>
> [OK]　[キャンセル]

「キャンセル」ボタンをクリックすると、試用版として実行します。試用版では、データの入力・基本図表の表示以外の処理は一切できません。また、試用版として使用できるのは、使用開始から10日間以内で20回まで起動が可能です。早めに認証処理を行ってください。

図表❷-⑦　試用版画面

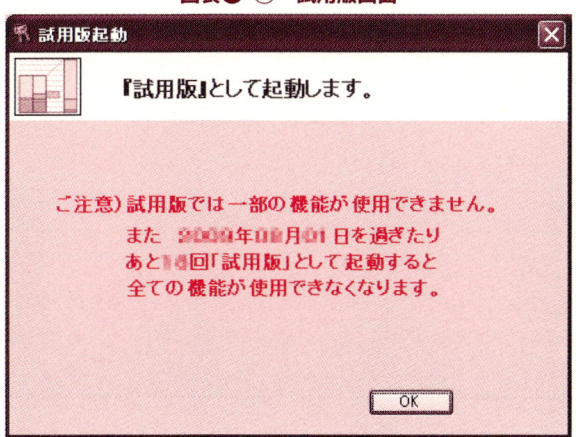

> 試用版起動
>
> 『試用版』として起動します。
>
> ご注意）試用版では一部の機能が使用できません。
> また ████年██月██日を過ぎたり
> あと██回「試用版」として起動すると
> 全ての機能が使用できなくなります。
>
> [OK]

財務3表一体分析法ソフト『図解の達人』ご利用までの手順

巻末62ページの「ソフトウェア利用許諾契約」を必ずお読みください。

↓

本ソフトをお使いになるパソコンが、22ページに記載されているハードウェア・ソフトウェア環境を満たしていることを確認してください。

↓

インストールをする際は、管理者（Administrator）権限でインストールを行ってください。

↓

巻末のCDケースに入っているCDをセットしてインストールを始めてください。

↓

CDケースの中には、システム認証に必要な「ユーザー登録番号」が印字されたシールが封入されています。この「ユーザー登録番号」はサポートサービスにも必要ですので、大切に保存してください。

```
ユーザー登録番号
XXX0-000000-XX00
```

↓

インストールが終わると、システム認証を促す画面が表示されます。パソコンがインターネットに絶続されていることを確認して「ユーザー登録番号」を入力してください。

認証処理が正常に行われたらインストールは完了です。

お問い合わせ・サポートについて

　財務3表一体分析法ソフト『図解の達人』をお買い上げいただいたお客様には、ご質問の受付や便利な使い方のご紹介、およびプログラムのアップデートサービスなどのサポートサービスを提供しております。下記のアドレスにアクセスし、「ユーザー登録番号」を入力してログインしたうえでご利用ください。なお、電話による質問は受け付けておりませんのでご了承ください。

サポートサイト　http://bonavita.dazoo.ne.jp/support/

第3章
財務3表一体分析法ソフト『図解の達人』の操作方法

操作方法をマスターしよう

『図解の達人』のインストールとシステム認証を終えたら、実際に使ってみましょう。「はじめに」でも述べましたが、『図解の達人』では「1社1期分」の基本図表はもちろんのこと、その会社の過去と現在を比べる「期間比較」や、同業他社などと比較する「他社比較」のPLとBSの図も簡単に作れます。
　では、その操作方法を説明しましょう。

全ての処理はメインメニューから

　本ソフトウェアを立ち上げると、図表❸-①のメニューが表示されます。全ての処理は、このメニューから実行します。
　ただし、本ソフトウェア立ち上げ後、まだシステム認証が行われていない場合、認証処理のご案内画面が表示されます。「OK」ボタンをクリックし、認証処理を行ってください(24ページの「システム認証の手続き」参照)。

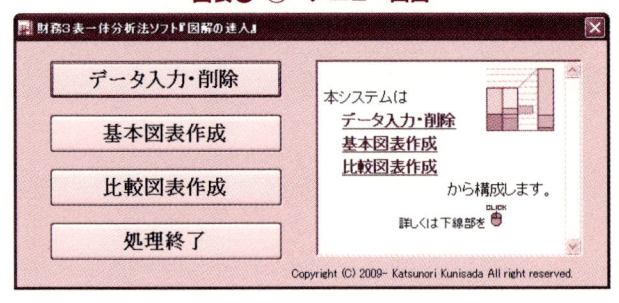

図表❸-①　メニュー画面

メニュー画面の右の項目をクリックすると各操作の詳しい説明が表示されます。

図表❸-①メニュー画面で「データ入力・削除」をクリックすると図表❸-②に示すデータ入力・削除用サブメニューが表示されます。「新規データ入力」「データ修正」「データ削除」から実行するボタンを選択してください。

図表❸-②　データ入力・削除用サブメニュー

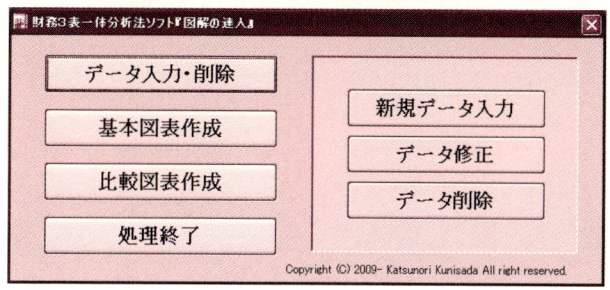

　「比較図表作成」をクリックすると図表❸-③に示す比較図表作成用サブメニューが表示されます。「2社比較図表作成」「5社比較図表作成」から実行するボタンを選択してください。

図表❸-③　比較図表作成用サブメニュー

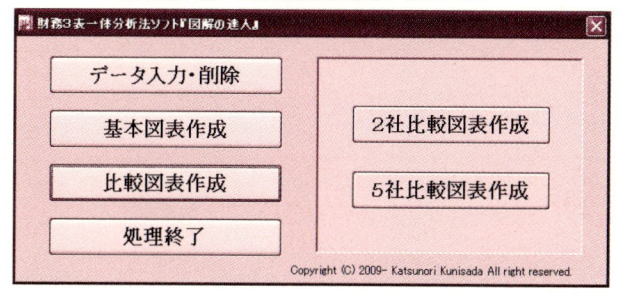

　以下、各処理の操作方法を説明します。❶データの入力・削除について、❷基本図表について、❸2社比較図表について、❹5社比較図表について、の順です。

データの入力・削除について

入力・削除の方法

　図表❸-②データ入力・削除用サブメニューから「新規データ入力」「データ修正」または「データ削除」をクリックして実行します。

　「新規データ入力」「データ修正」の場合は、各項目を入力してください。

　「データ修正」および「データ削除」をクリックした場合には、「ファイルを開く」ダイアログが表示されますので処理を行うデータを選択してください。

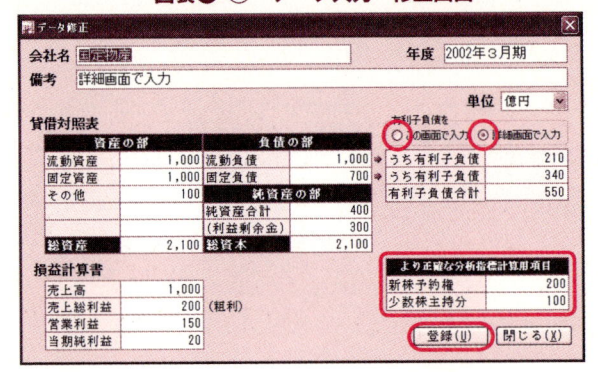

図表❸-④　データ入力・修正画面

　「データ削除」の場合は表示確認のみ行い入力はできません。

　データを入力したら、「登録」ボタンをクリックしてください。

　「ファイル保存ダイアログ」が表示されますので、保存するデータのファイル名を指定し、データを保存します。

基本データを入力する

　「会社名」と「年度」は自由書式です。「年度」には「2009年度」という表記でも「2010年3月期」というような表記でもかまいません。入力データを登録する際に、データ名としてこの「会社名」と「年度」が基本で設定されます。「備考」の欄は備忘録として自由にお使いください。

　財務データを入力する際は、最初に画面の右上にある「単位」で、入力する額の単位を設定してください。「千円」「百万円」「億円」の3種類が選べます。

　財務データを入力するための有価証券報告書の入手方法や、入手した有価証券報告書からどのデータを拾い上げて入力すればよいかなどの詳細については、サポートサイト（http://bonavita.dazoo.ne.jp/support/）で紹介していますのでご参照ください。

　BS（貸借対照表）の一番下の左側にある「総資産」とは「資産合計」のことです。「総資産」の右側にある「総資本」とは「負債及び純資産合計」のことです。この「総資産」と「総資本」は

自動計算されます。ただし、この２つの数字が一致していないと作図されません。各項目の数字を四捨五入して入れる場合などは合計が合わなくなる場合がありますので、数字を調整して「総資産」と「総資本」が一致するようにしてください。

　なお、資産の部の「その他」の項目は資産の部の作図を柔軟にするために設けたものです。基本的には「流動資産」と「固定資産」の２つの項目だけに数字を入力してください。「繰延資産」などの額が小さい場合は、「固定資産」に含めた形で入力してください。

　「繰延資産」を明確に表したい場合や、米国会計基準の財務諸表で「投資及び長期債権」の額を明確にしたい場合などに「その他」の項目をお使いください。

より正確な分析指標計算項目を入力する

　「より正確な分析指標計算用項目」を入力すると、基本図表に「より正確な財務指標」項目が表示されます。

　『財務３表一体分析法』ではROEを計算するために、ROE＝当期純利益÷純資産合計という簡略式を使いました。しかし、正確にいえば、ROE＝当期純利益÷自己資本であり、自己資本とは純資産合計から新株予約権と少数株主持分を差し引いたものです。

　この新株予約権と少数株主持分の数字を入力すれば、作図のときに正しい「自己資本」の数字をベースに、より正確な自己資本比率やROEが「自己資本比率（２）」「ROE（２）」として計算され表示されます。なお、より正確な自己資本比率やROEを計算する必要がない場合は、この「より正確な分析指標計算用項目」を入力する必要はありません。作図にもなんら問題はありません。

有利子負債を入力する

　有利子負債の入力は、以下の３通りの方法が可能です。なお、有利子負債のデータは入力しなくても有利子負債部分以外の図表は作成されます。

（１）２つの有利子負債項目を入力する方法

　　図表❸-④データ入力・修正画面から、流動負債・固定負債に含まれる「うち有利子負債」をそれぞれ個別に入力する方法です。
　　このとき有利子負債合計は両項目を合算し表示します。
　　有利子負債とは次の図表❸-⑤の通りです。

図表❸-⑤　有利子負債

流動負債	固定負債
● 短期借入金	● 社債
● コマーシャル・ペーパー（＊）	● 長期借入金
● 1年以内返済予定長期借入金	● リース債務
● 1年以内償還予定社債	
● 1年以内償還予定新株予約権付社債	
● リース債務	

＊コマーシャル・ペーパーとは、企業が短期の資金調達のために発行する無担保の約束手形のこと。

（2）有利子負債合計のみを入力する方法

　　図表❸-④データ入力・修正画面から有利子負債合計のみを入力する方法です。
　　有利子負債合計を直接入力した場合は、有利子負債合計が流動負債と固定負債の比率と同じ比率で計算され、有利子負債合計が流動負債分と固定負債分に分配されて自動的に作図されます。

（3）有利子負債詳細入力画面を使って入力する方法

　　「詳細画面で入力」をクリックすると、この画面の有利子負債項目は入力不可となり、図表❸-⑥に示す「有利子負債詳細入力」の画面が表示されます。この「有利子負債詳細入力」の画面を使えばBSを見ながら該当項目を入力するだけで有利子負債合計が計算されます。入力時の混乱を避けるために、「有利子負債詳細入力」の画面内の項目に「その他」は設けていませんので、入力画面にある項目以外の有利子負債が出てきた場合は、いずれかの項目に加えて入力してください。

図表❸-⑥ 有利子負債詳細入力画面

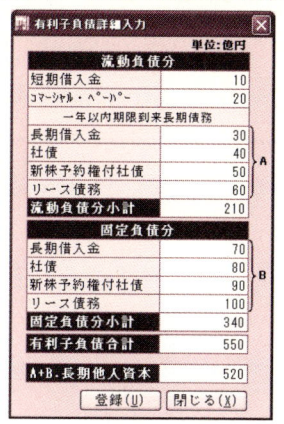

有利子負債詳細入力	単位：億円
流動負債分	
短期借入金	10
コマーシャル・ペーパー	20
一年以内期限到来長期債務	
長期借入金	30
社債	40
新株予約権付社債	50
リース債務	60
流動負債分小計	210
固定負債分	
長期借入金	70
社債	80
新株予約権付社債	90
リース債務	100
固定負債分小計	340
有利子負債合計	550
A＋B．長期他人資本	520

（流動負債分の長期借入金〜リース債務＝A、固定負債分＝B）

各項目を入力すると自動的に小計などが表示されます。
登録ボタンをクリックすると、小計値が図表❸-④のデータ入力画面の各「うち有利子負債」に表示されます。

「より正確なレバレッジ比率」とは

33ページで説明した「新株予約権」と「少数株主持分」を入力したうえで、この「有利子負債詳細入力画面」を使って有利子負債を入力していれば、作図の際により正確なレバレッジ比率が「レバレッジ比率（２）」として計算されます。

『財務３表一体分析法』では、レバレッジ比率＝有利子負債÷自己資本で計算しました。しかし、そもそもレバレッジ比率とは、資産を取得するための「長期資金」を自己資本によって調達しているのか、他人資本（負債）によって調達しているのかを見ようとするものです。

ここで大切なのは「長期資金」という考え方です。負債の中に買掛金がありますが、買掛金は資産を取得するための負債ではありません。また、短期借入金も一般的には運転資金といわれる通常の営業活動の中で必要になってくる資金需要に対応するための借入金です。つまり、買掛金や短期借入金は基本的には資産を取得するための資金ではありません。

一方、「１年以内返済予定長期借入金」や「１年以内償還予定社債」は「流動負債」に分類されていますが、１年以内に返済や償還の期限が来るために「流動負債」の枠内に入れられているだけで、これらは基本的には資産取得のために調達した長期資金です。したがってレバレッジ比率を計算するうえでの他人資本は、正しくいえば負債の部の中の「長期資金」、つまり「有利子負債詳細入力」の画面で計算される「A＋B．長期他人資本」になるのです。ですから、より正確なレバレッジ比率は、レバレッジ比率＝長期他人資本÷自己資本となるわけです。

基本図表について

作成の方法

30ページの図表❸-①メインメニューから「基本図表作成」をクリックして実行します。

「ファイルを開く」ダイアログが表示されますので、図表を作成するデータを選択してください。

画面右上の文字サイズを選択すると、グラフ内の文字サイズが指定できます。

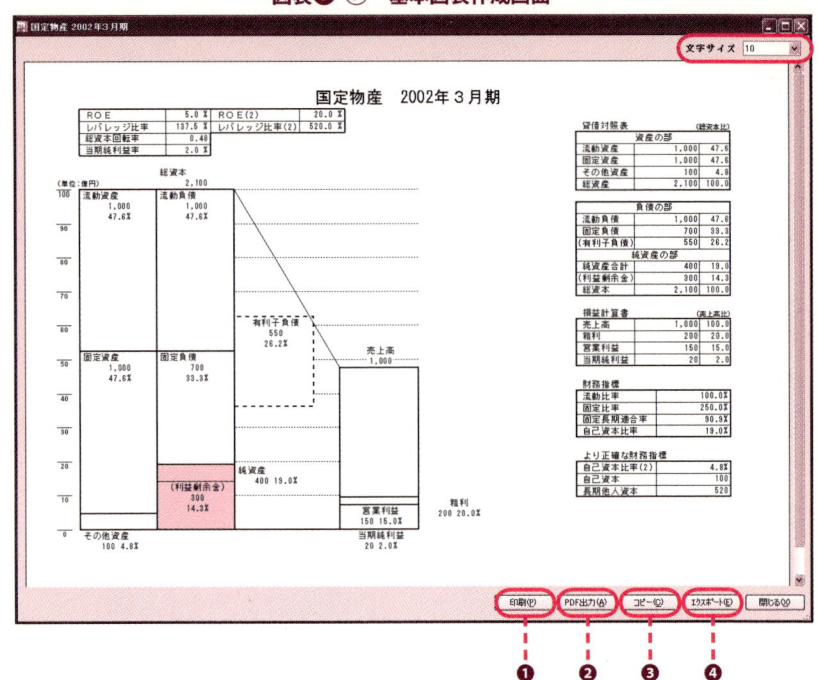

図表❸-⑦　基本図表作成画面

❶　❷　❸　❹

なお、表示される数字は53ページの計算式に基づいて計算を行っています。

画面下の各ボタンの操作と利用方法は以下の通りです。

❶「印刷」ボタン

「プリンタの選択」ダイアログが表示されます。プリンタを選択して印刷してください。

❷「PDF出力」ボタン

PDFファイルの「保存先指定」ダイアログが表示されます。保存先を指定してPDFを出力してください。

❸「コピー」ボタン

画面をコピーし他の文書に直接、貼り付けが可能です。Word・Excelなどに利用できます。38ページのコピー指示画面(図表❸-⑧)を参照してください。

❹「エクスポート」ボタン

画面を画像データとして出力保存が可能です。保存したデータはWord・Excelなどで利用できます。39ページのエクスポート指示画面(図表❸-⑨)を参照してください。

基本図表をコピーする

図表❸-⑦基本図表作成画面下から「コピー」ボタンをクリックして実行します。

図表❸-⑧　コピー指示画面例

以下のような操作が可能です。

● 作成した図表をWord・Excelなど他の文書に、直接貼り付けられます（この画面で「コピー」ボタンをクリックしWord・Excelのメニューから「編集」⇒「貼り付け」）。
　このとき、図形の大きさを指定したり、出力対象部分の指定が可能です。またプレビュー画面で出力する内容が確認できます。

　　　図形の大きさ：5％区切りで、10％～100％の範囲で指定可能です。表示される横・縦はプリンタで印刷した際の大きさの目安です。
　　　出力対象　　：「全て」「経営指標（グラフの上のROEなどの表）とグラフ」「グラフ」から選択してください。

● グラフ内に文字を表示するか否かの指定が可能です。
● 出力対象に、「経営指標とグラフ」または「グラフ」を指定した場合、会社名・年度の表示を行うか否かの指定が可能です。

<ご注意>
コピー処理では、Windowsの画面の一般的な画像解像度（96DPI）で出力され、印刷した場合、画像の鮮明さが損なわれる場合があります。より鮮明な画像が必要な場合には、次に示す、基本図表を画像ファイル化して出力保存する方法を利用してください。

基本図表を画像ファイル化して出力保存する

図表❸-⑦基本図表作成画面下から「エクスポート」ボタンをクリックして実行します。

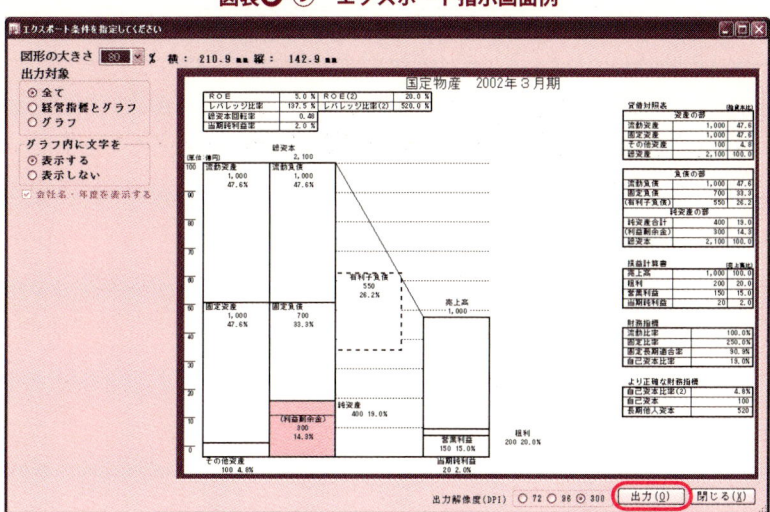

図表❸-⑨　エクスポート指示画面例

「出力」ボタンをクリックすることにより、以下のような操作が可能です。

- 作成した図表をBMPまたはJPEG形式のファイルに出力できます。
- Word・Excel など他の文書に、出力したファイルを直接画像として貼り付けられます（Word・Excel のメニューから「挿入」⇒「図」⇒「ファイルから」）。
- コピー処理と同様に、図形の大きさを指定したり、出力対象部分を指定したりでき、プレビュー画面で出力する内容が確認できます。
- 出力データの画像解像度の指定が可能です。
　　　72DPI　：Web画面で一般に用いられます。
　　　96DPI　：Windowsの画面の一般的な画像解像度
　　　300DPI：印刷帳票用

＜ご注意＞
解像度を高くすると、印刷した場合に鮮明になりますが、出力データの容量が大きくなり変換時間も増大します。ご使用される目的に合わせて選択してください。

2社比較図表について

作成の方法

　31ページの図表❸-③比較図表作成用サブメニューから「2社比較図表作成」をクリックして実行します。

図表❸-⑩　2社比較図表作成指示画面例

この画面で、2社比較を行う会社データの選択をしてください。

　📁をクリックすると、「ファイルを開く」ダイアログが表示されます。処理するデータを選択してください。

　✖をクリックすると、データの選択が解除されます。

　この画面で選択したデータは、(No.1・No.2) (No.3・No.4) …… (No.19・No.20)と最大10ページにわたって作図します。比較図を作成した後で配置を変更することも可能です。

　なお2社比較では、金額の大小も含めた「大きさを比較する」パターンと、金額の大小は無視し、それぞれの比率のみを比較の対象とする「形状を比較する」パターンの選択が可能です。

● 「大きさを比較する」パターンの場合
　選択した全てのデータの中の総資産または売上高の最大値を100%として、全てのデータを同一縮尺にして図の大きさが比較できるように作図を行います。
● 「形状を比較する」パターンの場合
　選択したデータそれぞれの総資産または売上高の最大値を100%として作図を行います。他のデータとは図の形状のみを比較します。

「作図」ボタンをクリックすると、図表❸-⑪に示す、2社比較の作図を行います。

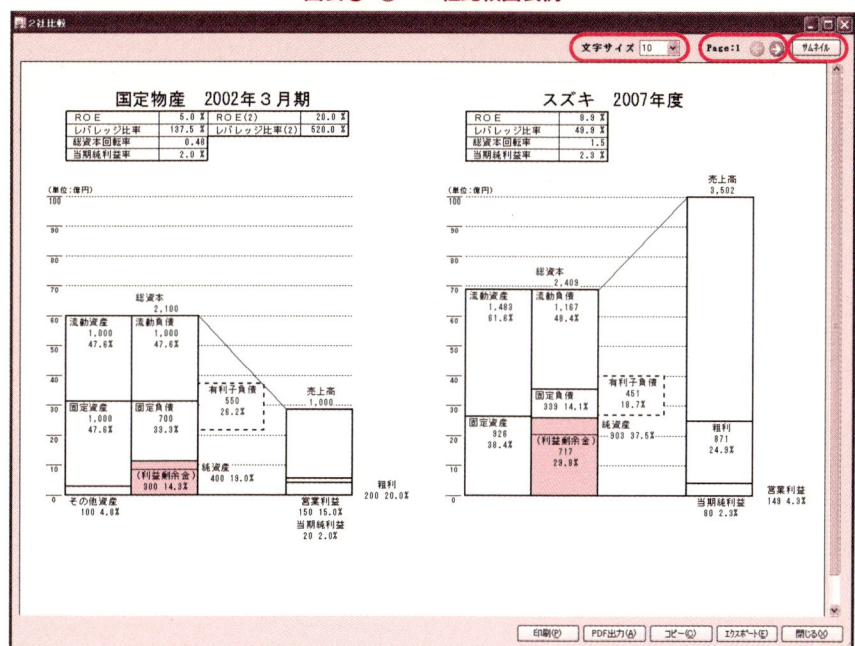

図表❸-⑪　2社比較図表例

文字サイズを選択すると、グラフ内の文字サイズが指定できます。
🔘🔘をクリックすると、頁の移動ができます。
経営指標部分は基本図表と同様の基準で行います。
各ボタンの操作は36ページの「基本図表について」を参照してください。

データの配置を変更する場合は、画面右上の「サムネイル」ボタンをクリックして、選択したデータの一覧画面を表示してください。

図表❸-⑫　選択データ一覧画面例

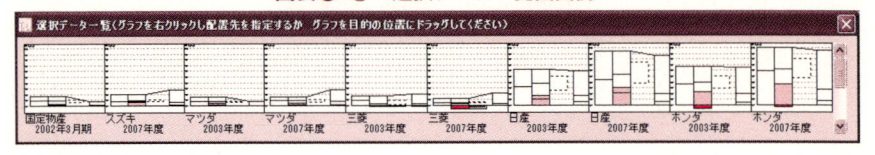

以下のいずれかの操作を行うことにより、データの配置を変更できます。

- ●「選択データ一覧」の画面から配置するデータの画像を、表示されているグラフの指定箇所にドラッグできます。
- ●「選択データ一覧」の画面のグラフ部分を右クリックし、配置位置を指定することができます。

2社比較図表をコピーする

図表❸-⑪　2社比較図表画面から「コピー」をクリックして起動します。

図表❸-⑬　コピー指示画面例

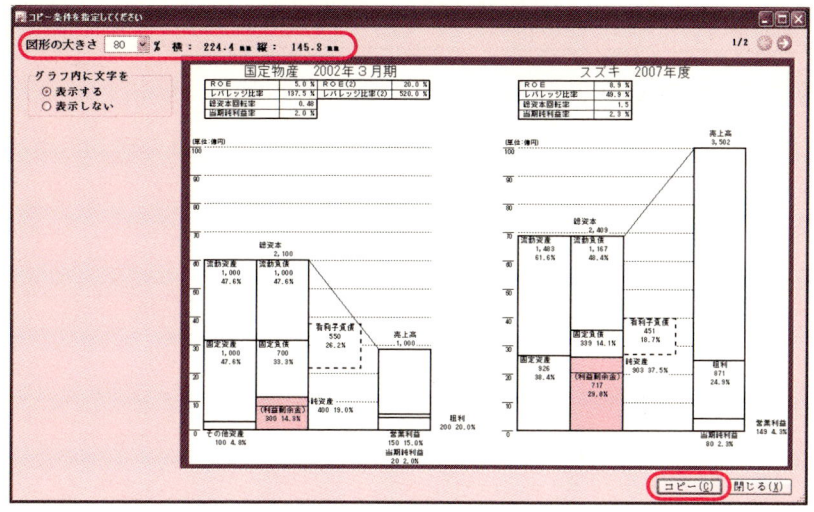

「コピー」ボタンをクリックすることにより、作成した図表をWord・Excelなど他の文書に直接貼り付けられます。

　このとき、図形の大きさを指定したり、グラフ内に文字を表示するか否かの指定が可能で、プレビュー画面で出力する内容が確認できます。

　図形の大きさ：5％区切りで、10％～100％の範囲で指定可能です。

　表示される横・縦はプリンタで印刷した際の大きさの目安です。

<ご注意>
コピー処理では、Windowsの画面の一般的な画像解像度（96DPI）で出力され、印刷した場合、画像の鮮明さが損なわれる場合があります。より鮮明な画像が必要な場合には、次に示す、2社比較図表を画像ファイル化して出力保存する方法を利用してください。

2社比較図表を画像ファイル化して出力保存する

図表❸-⑪ 2社比較図表画面から「エクスポート」をクリックして実行します。

図表❸-⑭　エクスポート指示画面例

「出力」ボタンをクリックすることにより、作成した図表をBMPまたはJPEG形式のファイルに出力できます。

Word・Excelなどでは、「挿入」⇒「図」⇒「ファイルから」、と指定してご利用ください。

コピー処理と同様に、図形の大きさを指定したり、グラフ内に文字を表示するか否かの指定が可能で、プレビュー画面で出力する内容が確認できます。

複数ページの作図を指定した場合には、現在表示しているページのみを出力するか、全てのページを出力対象とするかの指定が可能です。全ページを出力対象にした場合、「保存先指定」ダイアログで指定したフォルダに全てのページのデータが保存されます。

基本図表のエクスポートと同様に、出力データの画像解像度の指定も可能です。ご使用される目的に合わせて出力する解像度を選択してください（39ページの図表❸-⑨エクスポート指示画面例でのエクスポート処理を参照）。

５社比較図表について

作成の方法

　31ページの図表❸-③　比較図表作成用サブメニューから「５社比較図表作成」をクリックして実行します。

図表❸-⑮　５社比較図表作成指示画面例

	会社名	年度			会社名	年度	
1	国定物産	2002年3月期	✖	11	三菱	2003年度	✖
2	国定工業	2002年3月期	✖	12	日産	2007年度	✖
3	スズキ	2007年度	✖	13	日産	2003年度	✖
4	トヨタ	2007年度	✖	14	日産	2007年度	✖
5	自動車業界の平均	2007年度	✖	15	自動車業界の平均	2007年度	✖
6	ホンダ	2003年度	✖	16			✖
7	ホンダ	2007年度	✖	17			✖
8	マツダ	2003年度	✖	18			✖
9	マツダ	2007年度	✖	19			✖
10	自動車業界の平均	2007年度	✖	20			✖

　この画面で、５社比較を行うデータの選択をしてください。

　📁をクリックすると、「ファイルを開く」ダイアログが表示されます。処理するデータを選択してください。

　✖をクリックすると、データの選択が解除されます。

　この画面で選択したデータは、(No.1〜No.5)(No.6〜No.10)(No.11〜No.15)(No.16〜No.20)と最大４ページにわたって作図します。比較図を作成した後で配置を変更することも可能です。この際、必ずしも５件単位でデータを選択する必要はありません。

　なお５社比較では、金額の大小も含めた「大きさを比較する」パターンと、金額の大小は無視し、それぞれの比率のみを比較の対象とする「形状を比較する」パターンの表示選択が可能です。

● 「大きさを比較する」パターンの場合
　選択した全てのデータの中の総資産または売上高の最大値を100％として、全てのデータを同一縮尺にして図の大きさが比較できるように作図を行います。
● 「形状を比較する」パターンの場合
　選択したデータそれぞれの総資産または売上高の最大値を100％として作図を行います。他のデータとは図の形状のみを比較します。

「作図」ボタンをクリックすると、図表❸-⑯に示す、5社比較の作図を行います。

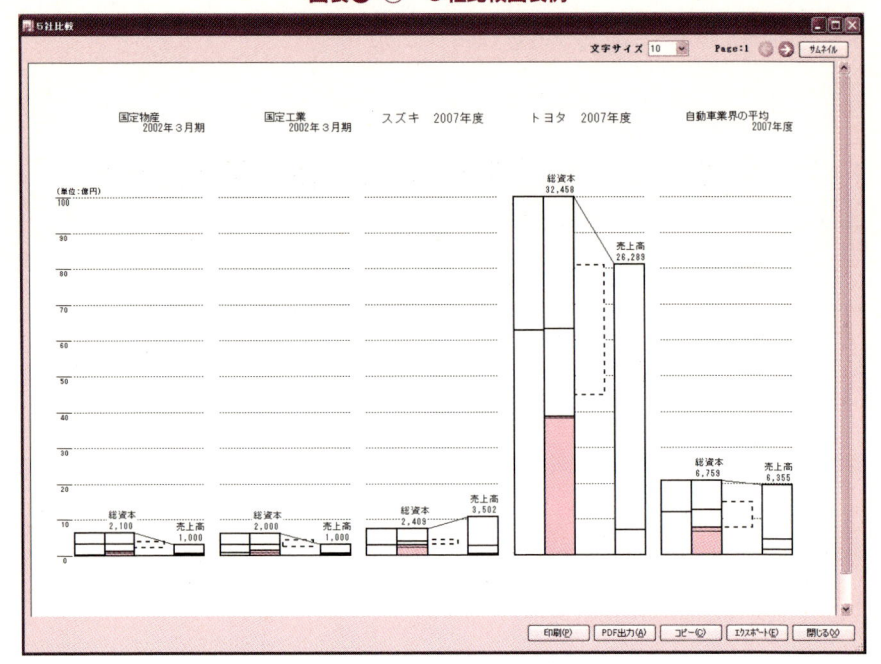

図表❸-⑯　5社比較図表例

文字サイズを選択すると、グラフ内の文字サイズが指定できます。
　◀ ▶をクリックすると、頁の移動ができます。
　グラフ部分の作図は、基本図表と同様に行っています(50ページの「基本図表グラフ作図方法」を参照)。

　なお、同時に最大20のデータの比較ができますので、目的に合わせてデータを配置してください。
　各ボタンの操作およびデータの配置を変更する方法は、2社比較図表と同様に行ってください(40ページの「2社比較図表について」を参照)。

5社比較図表をコピーする

図表❸-⑯ 5社比較図表画面から「コピー」をクリックして実行します。

図表❸-⑰　コピー指示画面例

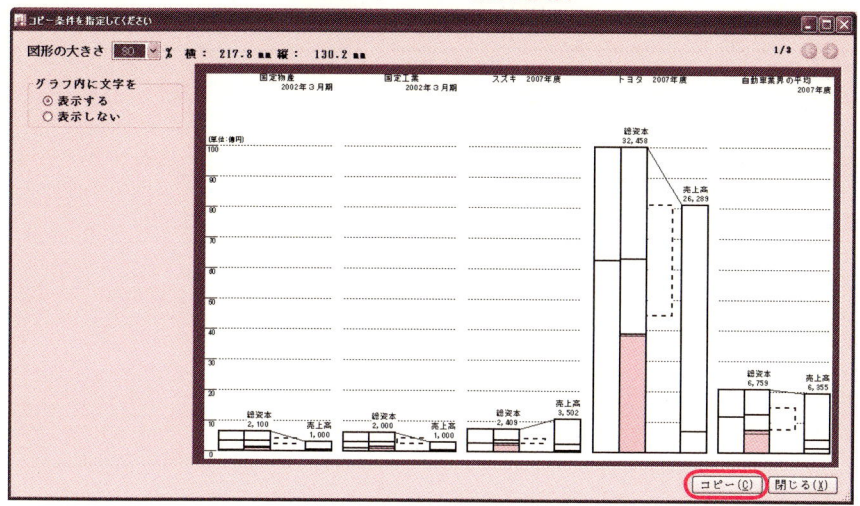

「コピー」ボタンをクリックすることにより、作成した図表をWord・Excelなど他の文書に直接画像として貼り付けられます。

このとき、図形の大きさを指定したり、グラフ内に文字を表示するか否かの指定が可能で、プレビュー画面で出力する内容が確認できます。

図形の大きさ：5％区切りで、10％～100％の範囲で指定可能です。

表示される横・縦はプリンタで印刷した際の大きさの目安です。

> **＜ご注意＞**
> コピー処理では、Windowsの画面の一般的な画像解像度（96DPI）で出力され、印刷した場合、画像の鮮明さが損なわれる場合があります。
> より鮮明な画像が必要な場合には、次に示す、5社比較図表を画像ファイル化して出力保存する方法を利用してください。

5社比較図表を画像ファイル化して出力保存する

図表❸-⑯ 5社比較図表画面から「エクスポート」をクリックして実行します。

図表❸-⑱　エクスポート指示画面例

「出力」ボタンをクリックすることにより、作成した図表をBMPまたはJPEG形式のファイルに出力できます。

Word・Excelなど他の文書に、出力したファイルを直接画像として貼り付けられます（Word・Excelのメニューから、「挿入」⇒「図」⇒「ファイルから」）。

コピー処理と同様に、図形の大きさを指定したり、グラフ内に文字を表示するか否かの指定が可能で、プレビュー画面で出力する内容が確認できます。

複数ページの作図を指定した場合には、現在表示しているページのみを出力するか、全てのページを出力対象とするかの指定が可能です。全ページを出力対象にした場合、「保存先指定」ダイアログで指定したフォルダに全てのページのデータが保存されます。

基本図表のエクスポートと同様に、出力データの画像解像度の指定も可能です。ご使用される目的に合わせて出力する解像度を選択してください（39ページ参照）。

付録

ここでは、財務3表一体分析法ソフト『図解の達人』のグラフ作図方法と解説、アンインストール、インターネット未接続の際の認証方法およびサポートについて説明しています。

1. 基本図表グラフ作図方法

　図付録❶-①のような基本図表グラフを作図する際の手順を説明します。以下、「グラフ部分の作図」「有利子負債部分の作図」「利益剰余金部分の作図」に分けて説明しています。

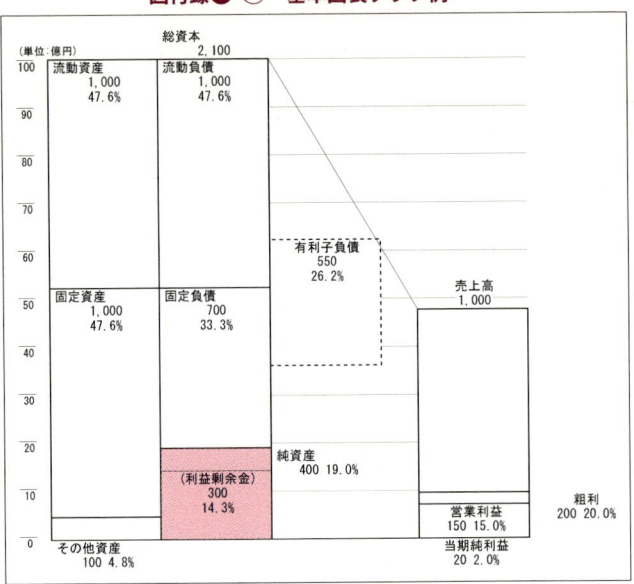

図付録❶-①　基本図表グラフ例

(単位:億円)

項目	金額	比率
総資本	2,100	
流動資産	1,000	47.6%
流動負債	1,000	47.6%
有利子負債	550	26.2%
固定資産	1,000	47.6%
固定負債	700	33.3%
純資産	400	19.0%
(利益剰余金)	300	14.3%
その他資産	100	4.8%
売上高	1,000	
粗利	200	20.0%
営業利益	150	15.0%
当期純利益	20	2.0%

グラフ部分の作図

　以下の手順で行います。
（1）BS（貸借対照表）の総資本とPL（損益計算書）の売上高の大きい方の金額を100％とし、小さいほうはそれに対する比率によってグラフの大きさが決まります。
　　　ただし、BSの中の各科目の％表示は総資本を100％とした場合の各科目の比率であり、PLの中の各科目の％表示は売上高を100％とした場合の各科目の比率です。
（2）総資本の金額をBSの右側の上部に記載します。
（3）売上高の金額をPL部分の上部に記載します。

（4）当期純利益の金額および売上高比率をPL部分の下部に記載します。
（5）各科目の科目名・金額・構成比(%)をグラフの科目枠上部線の直下に記載します。科目枠の高さが狭く、科目名・金額・構成比が記載できない場合には、直近の枠外に表示します。なおグラフ内の文字サイズ指定を変更すると、グラフ内の文字の配置も変化することにご注意ください。また、直近の枠外に記載する箇所がない科目の場合には、科目名・金額・構成比(%)の記載は省略します。
（枠外表示不可の科目例：固定資産・流動負債および固定負債）
図付録❶-①の例では、「その他資産」「純資産」および「粗利」が枠内に収まらず、枠外に記載されています。

有利子負債部分の作図

以下の基準で行います。

図付録❶-②　有利子負債部分例

有利子負債の入力は、以下の3通りの方法が可能です。

❶ 流動負債・固定負債に含まれる「うち有利子負債」をそれぞれ入力する方法
❷ 有利子負債合計のみを入力する方法
❸ 詳細画面で入力する方法

　❶・❸の場合には、流動負債分の有利子負債と固定負債分の有利子負債の金額がわかりますが、❷の場合は、それぞれの金額はわかりません。❷の場合は、入力した有利子負債合計を流動負債・固定負債の金額の比率に合わせて按分し、それぞれの「うち有利子負債」とみなして表示します。このときみなし金額で作図していることを明示するために、負債の部の右端から離して有利子負債の枠を表示します。

利益剰余金部分の作図

純資産および利益剰余金を判定し、以下の基準で作図します。

純資産 ＞ 利益剰余金 ＞ 0 の場合

| 純資産 |
| (利益剰余金) |

利益剰余金 ＞ 純資産 ＞ 0 の場合

| 純資産 (利益剰余金) |
| 資本金等 | 純資産 － 利益剰余金 を 資本金等（マイナス値）として表示 |

利益剰余金 ＜ 0 の場合

| 純資産 | 利益剰余金を右側の列に マイナス値として表示 |
| 資本金等 | 利益剰余金 |

純資産 ＜ 0 の場合（債務超過）

| 負債 | 利益剰余金を右側の列に マイナス値として表示 |
| 純資産 | 利益剰余金 |

資本金等

36ページの図表❸-⑦基本図表作成画面で表示される数字の計算式は以下の通りです。

経営指標部分	ROE ＝ 当期純利益 ÷ 純資産合計
	レバレッジ比率 ＝ 有利子負債合計 ÷ 純資産合計
	総資本回転率 ＝ 売上高 ÷ 総資本
	当期純利益率 ＝ 当期純利益 ÷ 売上高
	▶データ入力画面で、「より正確な分析指標計算用項目」が入力された場合 ROE（2）＝ 当期純利益 ÷ 自己資本 　　　　＝ 当期純利益 ÷（純資産合計 － 新株予約権 － 少数株主持分）
	▶「より正確な分析指標計算用項目」が入力され、有利子負債を「有利子負債詳細入力画面」で入力した場合 レバレッジ比率（2）＝ 詳細入力画面の長期他人資本 ÷ 自己資本
貸借対照表部分	入力データを表示
損益計算書部分	入力データを表示
財務指標	流動比率 ＝ 流動資産 ÷ 流動負債 固定比率 ＝ 固定資産 ÷ 純資産合計 固定長期適合率 ＝ 固定資産 ÷（固定負債 ＋ 純資産合計） 自己資本比率 ＝ 純資産合計 ÷ 総資本
より正確な財務指標	▶データ入力画面で、「より正確な分析指標計算用項目」が入力された場合、 自己資本比率（2）＝ 自己資本 ÷ 総資本 自己資本 ＝ 純資産合計 － 新株予約権 － 少数株主持分 長期他人資本 ＝ 35ページの図表❸-⑥の「Ａ＋Ｂ．長期他人資本」

付録

2. アンインストール

　アンインストールする際は、必ず管理者（Administrator）権限のあるユーザーで実行してください。

【Windows Vistaの場合】
　アンインストールの途中で「認識できないプログラムがこのコンピュータへのアクセスを要求しています」とのメッセージが表示され、確認応答を要求してきます。アクセスを許可してください。

【Windows 7の場合】
　アンインストールの途中で「次の不明な発行元からのプログラムにこのコンピューターへの変更を許可しますか」とのメッセージが表示され、確認応答を要求してきます。変更を許可してください。

　インターネットに接続した状態でアンインストールを実行されることをお勧めします。
　インターネットに接続されている場合は、アンインストールと同時にシステム認証解除が自動的に行われます。
　なお、システム認証解除の処理を行わない場合、他のコンピュータに本ソフトウェアを入れなおした場合などに、本ソフトウェアを再び使用することができなくなります。
　インストール後にファイルを移動した場合や、Install.log ファイルを消去した場合は、アンインストールを実行できません。

アンインストールの方法

　本ソフトウェアをアンインストールするには、コントロールパネルの「アプリケーションの追加と削除」か「プログラムの追加と削除」、あるいは「プログラムのアンインストール」から本ソフトウェアを選択し削除を実行してください。これにより、システムから本ソフトウェアのファイルが削除されます。ただし、入力した財務諸表データは削除されません。
　なお、アンインストール中に表示されるウィンドウは、自動的に閉じるまで、操作しないでください。

システム認証解除の方法

　システム認証は、コンピュータがインターネットに接続している場合、システムのアンインストールを行うことにより自動的に解除されます。
　インターネットに接続されていない場合は、本ソフトウェアをアンインストール後、次ページの「3．インターネットに接続していない場合の認証・認証解除」を参照してシステム認証の解除を行ってください。なお手動での認証解除は最大3回までとなっていますので、インターネットに接続した状態でのアンインストールをお奨めします。

3. インターネットに
接続していない場合の認証・認証解除

　インターネットに接続されていないコンピュータの場合、インターネットに接続できるコンピュータもしくは携帯電話などをご準備のうえ、インターネットブラウザにてライセンス認証サイトにアクセスし、ライセンスキーの取得または認証解除を行ってください。

認証の方法

　認証処理中に、次の画面が表示されたら、インターネット上でライセンスキーを取得するまでは、この画面を閉じずに待機してください。次の手順に従って、ライセンスキーを取得してください。

認証番号表示

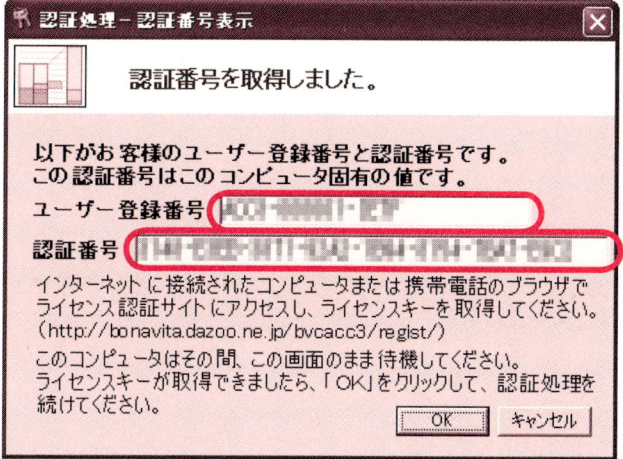

　インターネットに接続されたコンピュータまたは携帯電話等で以下のURLを入力しライセンス認証のホームページを表示してください。

認証サイト　http://bonavita.dazoo.ne.jp/bvcacc3/regist/

画面　ログイン

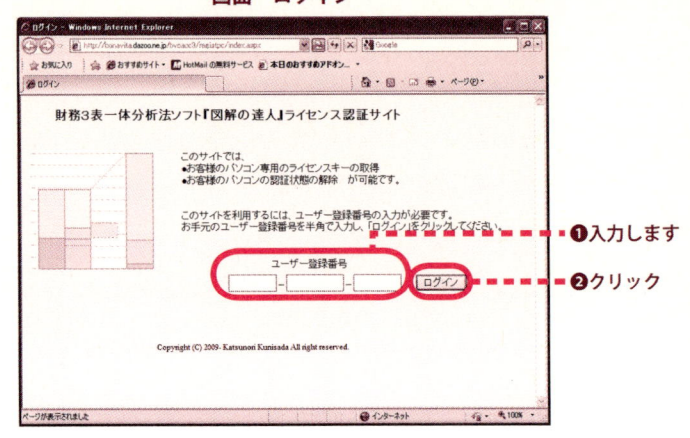

❶入力します
❷クリック

ユーザー登録番号を入力し「ログイン」ボタンをクリックしてください。

画面　メニュー

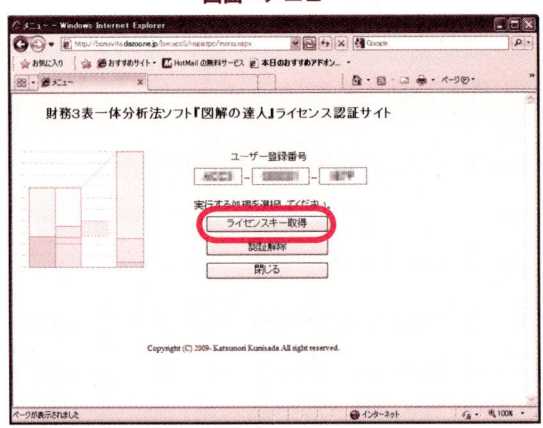

「ライセンスキー取得」ボタンをクリックしてください。

画面　認証番号入力

❶入力します
❷クリック

　コンピュータに表示された認証番号を入力し、「キー取得」ボタンをクリックしてください。

画面　ライセンスキー取得

　ライセンスキーが取得できました。メモを取ってください。

本ソフトウェアをインストールしているコンピュータに戻り、取得したライセンスキーを、ライセンス確認画面で入力します。

画面　ライセンスキー入力

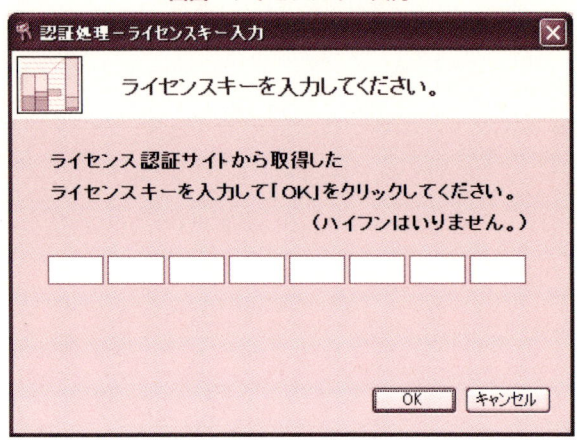

［ライセンスキー入力ダイアログのスクリーンショット］

「OK」ボタンをクリックします。

画面　認証処理完了

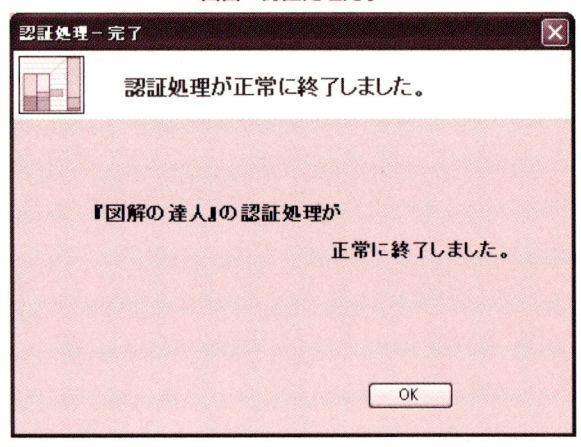

［認証処理完了ダイアログのスクリーンショット］

認証処理が完了しました。

認証解除の方法

　インターネットに接続されていないコンピュータの場合、インターネットに接続できるコンピュータもしくは携帯電話等をご準備のうえ、インターネットブラウザにてライセンス認証サイトにアクセスし、システムの認証解除を行ってください。

認証サイト　http://bonavita.dazoo.ne.jp/bvcacc3/regist/

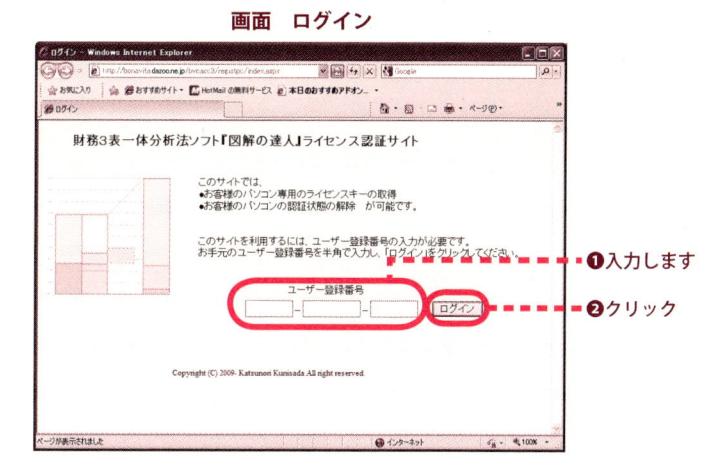

画面　ログイン

❶入力します
❷クリック

ユーザー登録番号を入力し「ログイン」ボタンをクリックしてください。

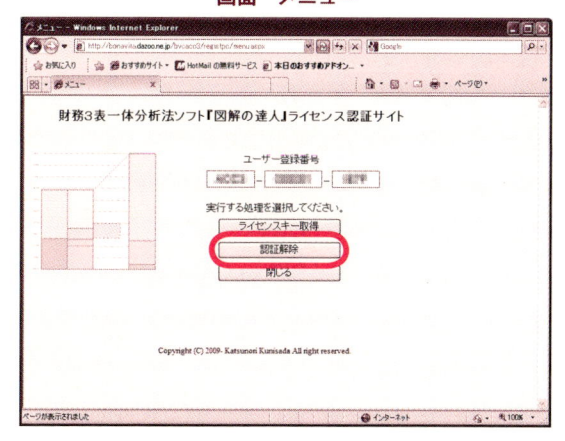

画面　メニュー

「認証解除」ボタンをクリックしてください。これでシステムの認証は解除されました。

付録

<ご注意>
認証サイトからの手動による認証解除は、最大3回までとなっています。ただし、アンインストール時に自動的に行われる、認証解除の回数は無制限となっていますので、インターネットに接続している環境でシステムのアンインストールを行われるようお奨めします。

4.お問い合わせ・サポートについて

　財務3表一体分析法ソフト『図解の達人』をお買い上げいただいたお客様には、ご質問の受付や便利な使い方のご紹介、およびプログラムのアップデートサービスなどのサポートサービスを提供しております。下記のアドレスにアクセスし、「ユーザー登録番号」を入力してログインしたうえでご利用ください。なお、電話による質問は受け付けておりませんのでご了承ください。

　　　　サポートサイト　http://bonavita.dazoo.ne.jp/support/

おわりに

　以上ご説明してきましたように、財務3表一体分析法ソフト『図解の達人』は多彩な機能を持ったかなり完成度の高いソフトです。今回の価格設定は開発関係者に申し訳ないほどの低価格になっていますが、朝日新書の『財務3表一体分析法』がベストセラーになった御礼販売との位置づけで、読者の皆様の期待に応えるために破格の値段で提供させていただくことに致しました。利益を度外視した版元の朝日新聞出版のご協力に感謝致します。
　『図解の達人』の開発ならびに本書の出版に当たっては、下記の皆様に大変お世話になりました。この場を借りて関係の皆様に心より御礼申し上げます。

ソフト開発監督　　：株式会社シグマ　取締役　松木康倫氏
ソフト開発　　　　：有限会社システムワン　代表取締役　五十嵐義和氏
操作マニュアル作成：デザイン＆プランニングtree　代表　金田江里子氏

出版編集　　　　　：株式会社朝日新聞出版　首藤由之氏
出版編集　　　　　：有限会社スタンド・アンド・ファイト　代表　小堂敏郎氏

　『図解の達人』が多くの皆様に活用され、皆様の財務分析の一助になれば幸甚です。

2009年9月　國貞克則

参照図書
●デイビッド・メッキン著、國貞克則訳『財務マネジメントの基本と原則』東洋経済新報社、2008年
●國貞克則『決算書がスラスラわかる財務3表一体理解法』朝日新書、2007年
●國貞克則『財務3表一体分析法──「経営」がわかる決算書の読み方』朝日新書、2009年

カバー・本文デザイン　熊澤正人＋大谷昌稔（パワーハウス）

ソフトウェア利用許諾契約

このソフトウェア利用許諾契約(以下「本契約」といいます。)は、株式会社朝日新聞出版(以下「朝日新聞出版」といいます。)とお客様との間で締結される契約です。お客様が購入されたCD-ROM付き書籍、財務3表一体分析法ソフト『図解の達人』(以下「本件書籍」といいます。)に付属する、このソフトウェア(以下「本件ソフトウェア」といいます。)をお使いいただく際は、本契約の内容に同意していただくことが必要です。

第1条(本契約の成立、効力および終了)
(1) お客様が、本件ソフトウェアの全部または一部をコンピュータのハードディスク等の記憶装置へインストールしたとき、または本件ソフトウェアの複製物を作成したとき、あるいはその他の方法で本件ソフトウェアの利用を開始した時点で、本契約の締結に同意したものとみなされます。このお客様の同意をもって、本契約は成立し、効力を生じます。同意されない場合は、本件ソフトウェアをインストールその他の方法で利用することなく、本件書籍と併せて朝日新聞出版まで速やかにご返送ください。
(2) お客様は、インストールその他の方法で利用した本件ソフトウェア(複製物がある場合はそれを含みます)の一切を削除しまたは廃棄することにより、本契約を終了させることができます。
(3) お客様が本契約に違反したことが判明した場合、朝日新聞出版は、本契約を終了させ、その後のご利用停止、CD-ROM返却や損害賠償請求などの必要な措置を取らせていただくことができます。
(4) お客様は、理由のいかんを問わず、本契約の終了について朝日新聞出版に対して補償金その他いかなる名目での支払いも請求することができないものとします。

第2条(著作権の帰属)
(1) 本件ソフトウェアの著作権は、すべて、本件書籍の著作者ならびに著作権者である國貞克則氏(以下「著作権者」といいます。)に帰属します。
(2) 朝日新聞出版は、著作権者から本件ソフトウェアの複製および頒布について独占的に許諾を得ています。

第3条(利用許諾条件)
朝日新聞出版は、お客様に対し、お客様が本件ソフトウェアを本契約に従って次の利用目的の範囲内で利用されることを非独占的に許諾します。
(a) お客様個人が企業の財務分析などをされる利用目的の範囲内での、本件ソフトウェアに搭載された機能を利用したデータ分析。
(b) (a)によるデータ分析の結果の、個人的な使用の範囲内でのプリントアウト。
(c) (a)によるデータ分析の結果の、著作権法に定める引用の範囲でのご利用。
(d) 1枚のディスクにつきコンピュータ1台(単体)でのご利用。

第4条(禁止事項)
(1) お客様は、本契約において明示的に許諾された範囲を超えて、本件ソフトウェアを利用することはできません。
(2) お客様は、本件ソフトウェアを、バックアップの目的を含めて一切、CD-ROMその他の記憶媒体に複製することはできません。
(3) お客様は、本件ソフトウェアを第三者に配布、送信、レンタル、リース、貸与および譲渡することはできません。
(4) お客様は、本件ソフトウェアに含まれるプログラムに対して、修正を加えるなどにより改変すること、翻訳、翻案を行うなどにより朝日新聞出版または著作権者の著作権を侵害するようなご利用は一切できません。また、逆コンパイル、逆アセンブル等のリバースエンジニアリングを行うことはできません。

第5条(免責)
(1) 朝日新聞出版は、お客様が本件ソフトウェアを利用されたことにより生じた、お客様その他の第三者が直接間接に被ったいかなる損害に対しても、賠償等の一切の責任を負わず、かつ、お客様はこれに対して朝日新聞出版を免責するものとします。
(2) 朝日新聞出版はお客様に対し、本件ソフトウェアの利用目的への適合性の保証、完全性、有用性を含め、いかなる保証もいたしません。朝日新聞出版がこれらの可能性について事前に知らされていた場合も同様です。
(3) 本件ソフトウェアを利用し又は利用できなかったことにより、お客様に損害が生じた場合でも、法的に許容される限度内で一切の責任を負いません。当社がお客様に負う責任は、請求原因を問わず、本件書籍の代金としてお客様から受領した額を上限とします。

第6条(一般条項)
(1) 本契約は日本国法に準拠し、日本国法に従って解釈されます。
(2) 本契約に関する紛争は、東京地方裁判所を第一審の専属的合意管轄裁判所とします。

以上

國貞克則 くにさだ・かつのり

1961年生まれ。83年東北大学工学部卒業後、神戸製鋼所入社。海外プラント輸出、人事などを経て、2001年にボナ・ヴィータ コーポレーションを設立して独立。著書に『決算書がスラスラわかる財務3表一体理解法』『財務3表一体分析法──「経営」がわかる決算書の読み方』(ともに朝日新書)など。訳書にデイビッド・メッキン著『財務マネジメントの基本と原則』(東洋経済新報社)。

CD-ROMでスラスラわかる
財務3表一体分析法ソフト『図解の達人』

2009年10月30日　第1刷発行

著　者　　國貞克則
発行者　　岩田一平
発行所　　朝日新聞出版
　　　　　〒104-8011
　　　　　東京都中央区築地5-3-2
　　　　　電話　03-5540-7772（編集）
　　　　　　　　03-5540-7793（販売）
印刷製本　凸版印刷株式会社

©2009 Kunisada Katsunori
Published in Japan by Asahi Shimbun Publications Inc.
ISBN978-4-02-330466-6
価格はカバーに表示してあります。
落丁・乱丁の場合は弊社業務部（電話03-5540-7800）へご連絡ください。
送料弊社負担にてお取り替えいたします。

CD-ROMを開封する前にお読みください

62ページの「ソフトウェア利用許諾契約」を必ずお読みください。財務3表一体分析法ソフト『図解の達人』を利用するには、この契約の内容に同意していただくことが必要です。

CDケースの中に「ユーザー登録番号」シールが入っています。

右のCDケースの中には、CDのほかに「ユーザー登録番号」が印字されたシールが封入されています。この「ユーザー登録番号」は、本ソフトを使うためのシステム認証に必要な大切な数字です。また、登録後もサポートサービスを受ける際に「ユーザー登録番号」が必要になりますから、シールからはがして本書の見やすいページに貼り付けるなどして、大切に保存してください。

```
ユーザー登録番号
XXX0-000000-XX00
```

お問い合わせ・サポートについて

財務3表一体分析法ソフト『図解の達人』をお買い上げいただいたお客様には、ご質問の受付や便利な使い方のご紹介、およびプログラムのアップデートサービスなどのサポートサービスを提供しております。下記のアドレスにアクセスし、「ユーザー登録番号」を入力してログインしたうえでご利用ください。なお、電話による質問は受け付けておりませんのでご了承ください。

サポートサイト　http://bonavita.dazoo.ne.jp/support/